6살 남자아이에게 가족이 생기다.

연장아 입양과 위탁 이야기

글, 그림 고진예

뜬구름

들어가며

이 책은 만 6살, 7살인 두 남자 아이가 가족이 되는 과정을 진솔하게 담은 이야기다. 남편은 해성보육원에서 자원봉사로 아이들을 돌보던 중 만 5살의 희재를 만났다. 그리고 1년 뒤, 우리 부부는 희재가 다른 보육원으로 전원 간다는 소식에 입양을 결정했다. 희재와 가족이 된 이후에도 나와 남편은 양육 경험이 없었기에 좌충우돌한 시간이 많았다. 그에 반해 일곱 살 겨울에 가족이 된 종민이는 부모와 친밀한 시간은 적지만 '형 아'라는 거대한 아군이 버텨주고 밀어 주고 끌어 준다. 그 덕분인지 종민이는 가족 안에서 자신의 발랄함을 잃지 않았다. 희재와 종민이의 일상은 여느 장난꾸러기 아이들과 다르지 않다. 실컷 싸우고 다시 함께 웃으며, 때로는 세상에서 제일 사랑하는 형제가 되기도 한다.

위탁 아동의 경우 두 명 중 한 명은 2년 안에 위탁 해제가 되어 다시 시설로 돌아간다는 연구 결과가 있다.[1] 위탁 아동이 양육 해지 되는 주요 원인으로는 아이가 공격적이거나, 거짓말을

---
1 장윤영. (2009). 일반 위탁 아동의 초기 생활 경험에 관한 연구 -장기 위탁 보호 계약한 아동을 중심으로-. 한국가족복지학, p.180.

일삼거나, 분리 불안이 심해 부모가 일상생활을 유지하기 어려운 경우, 아이의 질투가 심해 친 자녀에게 집중하기 위해서, 혹은 개인적인 사정 등이다.[2] 나는 위탁 부모나 아이들을 탓할 수 없다고 생각한다. 위탁 부모와 아이들은 모두 상처 받았기 때문이다. 나는 자연스럽게 위탁 초기에 위탁부모와 아이가 원만하게 지내려면 어떻게 해야 할지 고민하였다. 또한, 작년 겨울에 어느 일간지에서 우리 가족을 취재한 기사가 게재되었다. 기사를 접한 독자 한 분이 좋은 이야기만 듣고 입양을 꿈꾸는 사람들이 있을 테니, 자녀를 양육하면서 겪었던 어려움에 대한 이야기도 필요하다는 댓글을 남기셨다. 그래서 입양과 위탁을 하며 경험했던 기분 좋고 슬펐던 이야기를 솔직하게 전하고자 한다.

이야기의 구성은 2018년 2월 28일 첫째 아이인 희재를 입양하면서 기록하기 시작한 글과 2023년 둘째인 종민이가 가족이 되고 1년이 지난 시점까지의 내용을 담고 있다. 초반에는 희재의 입양 이야기가 진행되고, 이후 종민이를 위탁하게 된 배경과 종민이의 생활을 그렸다. 그리고 종민이를 힘들게 하는 ADHD 이야기가 자주 언급된다.[3] 후반에는 가족이 아웅다웅 하면서도

---

[2] 김진숙. (2005). 위탁 아동의 양육 계약 해지 대한 질적사례연구. 한국가족복지학, 15, p.27.
[3] ADHD (Attention Deficit/Hyperactivity Disorder)는 주의력 결핍 과잉 행동 장애로서 전두엽 발달이 늦은 아이들에게 많이 나타나는 증상이다. ADHD는 80%가 유전적 영향이라고 알려져 있으며 전두엽이 발달하는 청년기 이후에

서로를 의지하며 즐겁게 생활하는 모습을 담았다.

지금 이 순간에도 위기에 처한 아이들을 사랑으로 감싸 줄 부모의 손길은 많이 부족하다. 그럼에도 불구하고, 위탁 가정에 관한 인식은 조금 부정적이며 잘 알려져 있지 않다. 위탁 가정에서 생활하는 많은 위탁아는 여느 아이들처럼 일상을 매우 활기차고 해맑게 보낸다. 아이들은 가족의 다양함을 인정하는 세상에서 더욱 밝고 긍정적으로 자랄 수 있음을 느낀다. 아이들이 있어 부모가 되고 부모로서 성장하는 이 시간들과 사랑하는 아이들에게 감사함을 느낀다.

는 증상이 많이 약화되기도 한다. 주로 산만하고 반항적이며 호기심이 많고 충동적인 특징을 보이나 증상은 개인마다 조금씩 다르게 나타난다.

차례

02 들어서며

희재 이야기

09 생부모를 만나고 싶어요.

11 엄마는 아빠랑 어떻게 만났어요?

15 희재 오고 열흘

17 희재 오고 열이레

18 보육원 다녀온 날

22 혹시 엄마가 진짜 엄마?

25 사랑하면 혼 내지 좀 마요.

28 어버이날

31 희재와 한 해를 보내고

33 희재와 두 해를 보내고

35 뚜렛 증후군

종민 이야기

38 종민이를 아세요.

42 남도 한 바퀴를 돌다.

47 손가락을 빨아요.

50 종민이 귀여워요?

52 대혼란

56 종민아, 종민아.

61 수영이 누나

69 완두콩 까기 놀이

73 축 구

78 담임 선생님의 전화

85 종민이와 데이트

89 잘 할 수 있어요.

94 친구가 좋아요.

105 희재의 걱정

108 반항적 성향

115 캠 핑

117 올 해 나의 다짐

118 대가족의 여행

122 친구와 싸웠어요.
126 아빠의 침대를 차지한 희재
128 형아가 없는 날
133 비
134 자전거 사고
136 밖에서 노는 게 좋아요.
139 나도 바라봐 주세요.
144 생부모는 나를 버렸어.
147 빈첸시안이 될 거야.
150 아기 놀이
153 아빠와 씨름
156 겨울 방학 계획
159 입맛이 없어요.
162 가족 사진
167 엄마가 부끄러워
176 희재의 세상 밖으로
181 마치며

희재 이야기

생부모를 만나고 싶어요

2018년 2월 28일 오전 10시, 나와 남편은 해성보육원에서 희재를 키워 주셨던 수녀님, 이모님들과 작별 인사를 나누고 희재와 함께 집으로 돌아왔다. 저녁에는 나의 엄마이자 희재의 외할머니 댁을 방문해서 하룻밤을 보냈다. 다음 날은 희재의 환영 파티가 예정되어 있었다.

다음 날, 아침 일찍 일어난 희재는 거실로 나와 울먹거리며 급히 할머니를 부른다.
"할머니, 할머니."
할머니는 놀라시며 희재를 바라보신다.
"왜 그러니."
"진짜 아빠와 엄마를 만나고 싶어요. 지금처럼 형아랑 엄마 말고요."
"엉?"
"나를 낳아 준 아빠랑 엄마가 보고 싶어요."

희재는 울먹거리며 생부모를 만나고 싶다고 한다. 주변에 있던 삼촌과 나는 놀랐고 희재를 처음 만난 할머니 또한 당황하셨다. 할머니는 이게 무슨 말이냐는 듯 내 얼굴을 빤히 쳐다보신다. 나는 울먹이며 안절부절 못하는 희재를 덥석 안고 방으로 들어갔다.

"희재야, 그랬구나. 친 엄마 아빠가 보고 싶었구나."
"진짜 아빠 엄마를 만날 줄 알았어요. 만나게 해줘요."
내가 희재를 감싸 안고 등을 토닥여 주는 동안 희재는 한참을 울었다.
"희재야, 만나러 가자. 그런데 지금은 만날 수가 없어. 희재를 낳아 주신 엄마 아빠는 희재를 너무 사랑하셨지만 키울 수가 없었어. 그래서 원장님께 희재를 잘 키워달라고 맡기신 거야. 나중에 희재가 크면 엄마랑 같이 희재를 낳아 주신 부모님을 만나러 가자."
한참 울던 희재는 조금 듣는 것 같더니 시선을 돌리고 움직이기 시작했다.
"내 터닝메카드 어디 있지?"

희재는 언제 그랬냐는 듯이 거실로 가서 동생들과 놀았다. 오후에는 많은 가족들이 찾아와 희재를 가족으로 반겨 주었고 축하해 주었다.

엄마는 아빠랑 어떻게 만났어요?

아침에 눈을 뜨니 비가 내리고 있었고 날씨는 상쾌했다. 희재는 엄마랑 아빠가 어떻게 만났는지 궁금해 한다.

"엄마는 아빠랑 어떻게 만났어요?"

"엄마는 아빠랑 같은 회사를 다녔는데 아빠가 엄마를 자꾸 쫓아다녔어. 엄청 귀찮았어."

희재는 깔깔거리며 좋아한다.

"글쎄, 아빠가 엄마를 집에 데려다 준다면서 집에는 안 가고 동네를 뱅글뱅글 도는데 열 바퀴나 도는 거야. 그래서 집에 데려다 주세요. 했더니 한 바퀴만 더 돌게요. 하시는 거야."

"그래서요?"

희재는 궁금한 듯이 눈을 반짝인다.

"아빠가 동네를 뱅글뱅글 돌면서 엄마가 너무 좋다고 결혼하자고 하시는 거야. 그래서 엄마가 뱅글뱅글 돌기 귀찮아서 결혼해 주었어."

희재가 신기한 듯이 아빠를 바라본다.

"아빠, 진짜예요?"

"뭐, 그렇다고 볼 수 있지."

희재의 질문은 이어졌다.

"엄마는 왜 아기를 낳지 않았어요?"
나는 희재가 즐거워해서 이야기를 덧붙였다.
"으응, 엄마 아빠는 결혼했지만 아기를 가질 생각은 안 했어. 언젠가 아기가 생기면 가족이 되어야지 생각만 했지. 그랬더니 요렇게 희재라는 아기가 나타났네."
나는 희재의 볼을 살짝 쓰다듬었다.

"나는 어떻게 만났어요?"
"어느 날 아빠가 해성에 봉사하러 가셨는데 거기서 만난 희재에게 첫 눈에 반하신 거야. 아빠는 엄마에게 희재라는 아이가 있는데 같이 살고 싶다고 하셨어. 첫 눈에 딱 반했대."
"그래서요?"
"그래서 엄마도 희재를 만났는데 글쎄, 희재를 보고 첫 눈에 반해서 엄마랑 아빠는 희재와 같이 살고 싶어진 거야. 엄마랑 아빠는 희재를 너무 좋아해서 수녀님에게 희재를 달라고 계속 졸랐어. 아빠가 희재를 너무 보고 싶어서 해성 보육원을 뱅글뱅글 열 바퀴를 돌면서 집에도 안 가시는 거야."
"진짜예요?"
"수녀님과 초록 어린이 재단 선생님에게도 희재를 만나게 해달라고 졸랐어. 희재를 만나게 해주세요. 희재를 만나게 해주세요. 그랬어. 그리고 희재가 집에 왔을 때도 희재를 보육원에 데려다 주고 나서 희재가 또 보고 싶은 거야. 그래서 수녀님께 희재를 계속 보게 해달라고 엄청 졸랐지."
희재는 가정 체험을 알고 있기에 덩달아 추임새를 넣는다.
"4박 5일 있다가 가니까."
"맞아, 엄마 아빠는 희재를 계속 보고 싶어서 쫓아다녔어. 아빠가 엄마를 쫓아다닌 거랑 똑같아. 희재를 보게 해주세요. 보게 해주세요. 희재가 보고 싶어요."
나는 조르는 흉내를 내었다.
"그래서 우리 가족이 이렇게 하나가 된 거야."

희재는 흡족한 표정으로 나를 보더니 두 손바닥을 치며 웃는다.
"수녀님한테 졸랐지. 희재랑 같이 살게 해주세요. 매일 보육원을 뱅글뱅글 돌면서 수녀님한테 졸랐어. 그랬더니 수녀님은 희재에게 물어봐야 한다고 하셨어."
희재는 나를 빤히 보며 말한다.
"내가 같이 살고 싶다고 말했어요."
나는 희재의 대답에 너무 기뻤다.
"그랬구나, 수녀님은 엄마 아빠에게 같이 살아도 좋다고 하셔서 희재와 엄마와 아빠가 함께 살게 된 거라고."

한참 신기한 듯이 듣고 있던 희재가 또 묻는다.
"엄마 아빠는 언제 죽어요?"
"엄마 아빠는 죽지 않아. 희재와 영원히 함께 살 거지."
"하늘나라에서도?"
"엄마는 하늘나라에서도 희재랑 즐겁게 살 거란다."
나는 희재와 오랜만에 이야기꽃이 무르익자 몇 가지 질문을
해보기로 했다.

"희재야, 해성 아파트에 온 거 기억나니?"
말을 돌리던 희재에게 다시 물어보니 말한다.
"기억나요. 엄마 아빠가 나를 안고 해성에 와서 일이 바쁘다고
잠깐만 맡아달라고 했대요. 수녀님이 '잠시만요' 하니까, 엄마
아빠가 '저희가 너무 바빠서요. 잠깐만 맡아 주세요.' 했대요."
"그랬구나."
"나는 나중에 커서 마술사가 될 거예요. 그래서 엄마 아빠가
죽지 않게 해줄 거예요."

희재 오고 열흘

 희재는 아침 일찍 일어나 창문을 열었다. 시원한 바람이 좋다며 문을 열어놓고 잠을 자자며 이불 속으로 들어간다. 창문을 열면 좁은 길 맞은편에 400년 된 느티나무가 보인다. 오후에 외출을 다녀온 희재는 그림일기 속에 자신의 모습을 그리고 '아침에 창문을 활짝 열어요.' 라고 쓴다.

"아빠, 친아빠를 만나고 싶어요."
"그래, 지금 당장은 어려운데 언제 만나러 갈까."
"음, 8살이 되면 만나러 가자요."
"8살 때도 안될 것 같은데, 일단은 어디 사시는지도 몰라. 경찰관 아저씨한테 물어봐야 해."

나도 궁금하던 차에 희재에게 물었다.
"친아빠를 만나고 싶어? 그럼 만나자. 희재야, 언제 만날까."
"8살에 만나자요."
"그래, 그러려면 경찰관 아저씨랑 판사님 허락을 받아야 한대."
나는 희재가 경찰서에 가서 친아빠를 찾아달라고 할 것 같았다.

그래서 판사가 아빠를 찾으라고 명령해야 경찰관이 찾는다고 했다.

"엄마랑 아빠는 희재와 너무 같이 살고 싶은데, 희재는 낳아 주신 아빠한테 갈 거야?"

희재는 배시시 웃는다.

"아니요, 아빠한테 놀러 가게요."

희재의 표정은 슬퍼 보였다.

"희재야, 희재를 낳아 주신 아빠가 멀리 계셔서 경찰관이 못 찾을 수도 있고, 아빠가 상황이 안 되어 희재와 함께 살 수 없을지도 모르니 아빠를 찾으면 그때 생각해보자."

그러다 몇 분 후에 다시 희재에게 물었다.

"왜 희재를 낳아 주신 아빠를 만나고 싶을까?"

"그러면 매일 매일이 행복할 것 같아요."

"지금은 안 행복해?"

"지금도 행복해요. 엄마랑 아빠랑 있으니까. 근데, 아빠가 수염으로 따끔따끔해서 싫어요."

희재는 웃으며 시선을 피한다.

희재 오고 열이레

아침 일찍 희재가 눈을 뜨며 일어선다.
"이제 엄마는 엄마, 아빠는 아빠야."
희재는 혼잣말을 하며 창문을 열기 위해 창가로 향한다.
"희재야, 함께 지내는 가족이 진짜 가족인 거야."
나는 혼잣말 하듯 속삭였다.

아이는 장난감을 들고 거실과 방을 오가며 신나게 움직인다.
아이는 요즘 들어 자주 창문을 열고 밖을 내다본다. 건너편에는 400년 된 느티나무가 보인다.

보육원 다녀온 날

어제 저녁 희재가 보육원에 놀러 가고 싶다고 하였다. 남편과 나는 수녀님께 연락하여 약속을 잡았다. 며칠 후 우리는 오후 두 시로 약속된 방문을 위해 아침부터 분주하게 보냈다. 희재는 친구들에게 나눠 줄 장난감 선물을 준비했고, 남편과 나는 농산물 시장에 가서 딸기 세 바구니를 샀다. 보육원에 도착한 희재는 친구들에게 줄 장난감 선물을 들고 씩씩하게 별빛 반으로 들어간다.

"내가 왔어!!!"
희재는 현관에 들어서자마자 소리쳤다.
"내가 너희들에게 줄 장난감을 가지고 왔어!!!"
"희재가 왔다!!!"
멀리서 소리치는 아이 목소리가 들렸다. 현관으로 나온 현정이모는 우리를 반갑게 맞아 주셨다. 그리고 날씨가 좋으니 아이들과 함께 수봉 공원에 간다며 우리에게 4시 반에 희재를 데리러 오라고 하셨다. 현정이모는 희재가 처음 보육원에 입소할 때부터 돌봐 주셨던 이모다.

오후 4시가 되어 우리는 건물 입구로 향했다. 희재의 손에는 처음 가져갔던 쇼핑백에 새로운 선물들이 잔뜩 담겨 들려 있었다. 친구들의 편지와 장난감이다. 희재는 차 안에 앉자마자 눈을 감더니 금방 잠이 들었다.

저녁 무렵, 희재는 평소와 다르게 차분했고 안정된 느낌이었다. 저녁밥으로 샐러드를 해달라고 해서 감, 사과, 방울토마토, 청포도를 마요네즈에 비벼 만든 과일 샐러드와 간장, 참기름, 깨소금으로 버무린 밥을 조미김에 싸서 잘 먹었다. 희재가 밥을 적극적으로 먹는 모습을 보는 건 보름 만에 처음이었다.
희재가 보육원에 다녀와서 마음이 편해진걸까? 그 전까지 자신의 감정을 표현하는 게 서툴어 때로는 폭력적인 행동을 보이던 희재였다. 식사 시간만 되면 전쟁을 치르던 희재가 오늘은 웬일인지 달라진 것이다.

오늘도 희재와 그림일기를 썼다. 희재는 고민 없이 별빛반 친구들을 그렸다. 그리고 해성아파트에 가서 놀았으나 슬펐다고 썼으며 그 이후의 글자는 또렷이 쓰지 않고 중국 말로 쓴다며 글씨를 흘려버렸다.

"희재야, 오늘 해성에서 무슨 일 있었니? 왜 슬펐을까."
"친구들에게 장난감을 주었는데 김우리와 가람이가 싸웠어요. 내가 준 장난감을 던져서 부셨어요."
"그랬구나, 공원에서는 즐겁게 놀았니?"
"아니요, 재미없었어요. 애들이 장난쳐서 이모가 화났어요. 그래서 공원에 갔다가 바로 내려왔어요."
"그랬구나."
"희재야, 다음에는 해성 아파트에서 하루 잘까."
"자는 건 무서워요. 귀신이 나타날 거예요."
"그래, 그럼 다음에도 낮에 놀러 가자."

희재는 오늘 김우리, 이수호와 아기 놀이를 했다고 한다.
"희재야, 아이들이랑 만나서 뭐 하고 놀았어?"
"애기 놀이했어요."
"응? 어떻게 하는 건데"
"손가락을 빨고 태어나는 놀이요. 얼굴과 손가락을 빨며 울어요."
희재는 내 얼굴에 자신의 얼굴을 댄다. 그렇게 아이들은 서로를 위로하는 것 같다.

희재는 저녁을 먹으며 뜬금없이 자신을 따라하는 사촌 동생을 만나고 싶다고 하였다.

"그래, 그럼 내일 엄마가 이모에게 물어봐야겠다."

왜 사촌 동생이 갑자기 생각났을까. 희재는 해성에서 친구들을 보고 와서 마음이 편해진 걸까. 희재의 마음을 자세히 알 수 없지만, 오늘 밤 희재는 조금 성장한 느낌이다. 희재는 엄마 책상에 앉아 엄마, 아빠, 희재의 모습을 그리며 놀다가 밤 열 시가 되어 잠이 들었다.

혹시 엄마가 진짜 엄마?

희재는 밥을 잘 먹지 않는다. 물론 반찬이 자신의 입맛에 맞지 않아서도 있겠지만, 보육원 이모들도 내게 희재가 입이 짧다고 귀뜸해 주었다. 저녁을 간단히 먹고 희재를 안아 주었다. 희재는 유치원에서 무슨 일이 있었는지 기분이 안 좋아 보였다.

"엄마는 희재가 밥을 잘 먹지 않아서 걱정이야."
"아기는 엄마 뱃속에 있을 때 엄마가 잘 먹는 음식을 먹는대요. 그래서 아기가 태어나서 먹고 싶은 음식은 엄마 뱃속에 있을 때 엄마가 먹은 음식 이래요. 아기가 잘 먹는 음식은 엄마가 먹는 음식과 같대요."
"희재는 희재를 낳아 주신 엄마가 과일을 무척 좋아하셨나 보다. 과일이랑 채소를 좋아하셨는데 밥은 안 좋아하셨구나."

희재는 나에게 안겨 말한다.
"엄마는 가난해서 과일 밖에 안 먹었나 봐요. 1원으로 사과 사서 먹고 돈이 없어서 그랬어요."
"그랬구나, 엄마도 과일 무지 좋아하는데 엄마랑 똑같네."

희재는 눈을 동그랗게 뜨더니 나를 바라본다.
"그럼, 엄마가 그 엄마였어?"
나는 희재를 보며 웃었다.
"엄마는 희재를 낳아 주신 엄마랑 똑같이 과일을 좋아하나 봐."
희재는 생부모가 너무 가난해서 자신을 키울 수 없다는 나의
말을 기억하고 있었다.
"희재야, 희재를 낳아 주신 부모님은 너무 어린 학생이어서
돈이 없었을 거야. 학생은 공부해야 하니까 일을 못하잖니."

"나 누울래요. 엄마도 옆에 누워요."
희재는 자신을 눕혀 달라고 하며 같이 이불에 눕자고 한다.
"엄마, 나를 낳아 주신 엄마 아빠가 어떻게 생겼을까. 진짜 궁금해요."
"희재야. 부모님이 보고 싶지? 엄마라도 그럴 거 같아."
"내가 한 살이었으면 보고 싶다고 막 울었을 텐데(땡깡 부리
소리를 내며) 그치."
희재는 속으로 울고 있는지도 모른다.
"희재야, 초등학교에 들어가면 우리 같이 부모님을 한번 찾아볼
까. 희재가 초등학교 들어가면 같이 찾아보자."
희재는 어리지만 내가 한 말들을 잘 기억하고 있었다. 아이는
시공간 개념이 발달되지 않아서 기억을 쉽게 잊을 줄 알았는데

때때로 너무 잘 기억하고 있다. 말을 조심해야겠다.

사랑하면 혼 내지 좀 마요.

바다낚시를 가는 날이다. 아침 일찍 할머니는 희재의 나들이를 위해 김밥을 싸 주셨다. 희재가 참기름을 밥그릇과 김밥에 잔뜩 뿌려놓는다.
"아이고 다 흘려서 어떡하니."
할머니는 그릇에 부어진 참기름을 걷어내셨다. 나는 화가 나서 희재를 데리고 안방에 들어갔다. 희재는 음식을 안 먹고 자주 뱉거나 숨겨버리는 습관이 있어 혼내게 된다. 이번에도 참기름을 이유 없이 낭비하였다.

"잘못했어요."
"또 음식 가지고 장난하면 어떻게 할 거야."
"그럼 내보내요."
"내보내?"
"내보내요. 어차피 저를 낳지도 않았잖아요."
"그래?"
"어떻게 보면 엄마가 혼내는 것보다 이모랑 있을 때가 더 좋았어요."

"그럼 이모한테 갈 거야?"

"아니요."

"왜 안가?"

"여기가 더 좋아요."

"그런데 왜 이모한테 가고 싶다고 했어? 엄마는 희재가 이모한테 가고 싶다고 하면 보내 줄 거야. 하지만 엄마는 희재를 가족이라고 생각해. 엄마는 희재를 사랑하기 때문에 영원히 함께할 거지만, 희재가 이모한테 가고 싶다고 하면 보내 줄 거야."

"안 갈 거예요."

"그럼 어떻게 할 거야?"

"잘못했어요."

"뭘 잘못했는데?"

"음식 가지고 장난치는 것 잘못했어요."

"음식은 농부들이 일 년 내내 추울 때도 더울 때도 정성껏 길러 주신 소중한 재료인데 소중히 해야지."

희재는 한참 장난을 치면서 말을 잘 듣지 않다가 옷소매로 눈물을 훔친다.

"잘못했어요."

나는 희재를 안아주었다.

주방에서 일을 보고 방으로 가니 희재는 장난감으로 놀고 있다.

"희재야, 사랑해."
희재는 무뚝뚝하게 말한다.
"사랑하면 혼내지 좀 마요."

어버이날

희재를 입양하고 첫 어버이날이다. 나와 남편은 첫 아이를 둔 부모로서 들떠 있었다. 7살 유치원 아이에게 무엇을 기대할 수 있을까. 유치원에서 만든 조그만 감사 카드와 색종이로 만든 카네이션 꽃만으로도 부모는 뭔가 커다란 선물을 받는 것처럼 설레고 뿌듯하다는 걸 그때 처음 알았다. 부모가 된 후 처음 알게 된 것이다. 사실 아이를 둔 후 새삼스럽게 알게 된 것들이 많다. 이를 테면, 아이에게 계속 사랑한다고 말해줘야 하고 아이들은 자신이 원하는 바람을 사실처럼 말해서 때로는 거짓말하는 것으로 오해할 수 있다는 것과 음식을 아주 조금만 먹어도 쉬지 않고 끊임없이 움직인다는 것 등이다. 하루 종일 아이를 보고 있자면 내가 그 동안 살아오면서 아이들을 제대로 살펴본 적이 없음을 깨닫는다.

희재가 유치원을 끝내고 집에 돌아오는 시간이다. 나는 내 나름대로 오늘을 어떻게 보낼지 상상했다. 희재는 카드에 뭐라고 썼을까. 초인종이 울렸다.
"다녀왔습니다."

희재는 부랴부랴 거실에 가방을 내려놓고 당장이라도 나갈 사람처럼 서 있다.

"엄마, 내가 밥 살게요. 가자요."
"엉? 무슨 말이야."
"오늘 어버이날이잖아요. 내가 밥 살게요."
나는 너무 기뻐서 웃음이 났다. 7살 아이가 밥을 사겠다는 말은 나의 상상을 넘었다.
"엄마 아빠 밥을 사주려고? 너무 고마워. 우리 조금만 기다렸다가 아빠가 오시면 그때 같이 가자."

외출하고 돌아온 남편은 이야기를 듣자 기분이 한껏 좋아 보였다. 우리는 희재의 손을 한 손씩 잡고 식당으로 향했다. 너무 기분 좋은 나머지 희재에게 양 팔을 들어 올리는 놀이를 계속해 주었다. 희재는 엄마 아빠가 자꾸 자신을 들어 올리자 당황한 듯이 웃었다.
"엄마 아빠가 기분이 너무 좋은가 봐요."
"아들이 어버이날이라고 밥을 사준 다니 너무 기분이 좋아."
우리는 희재와 가까운 중국집으로 향했고 희재가 좋아하는 짜장면, 엄마가 좋아하는 짬뽕, 아빠가 좋아하는 탕수육을 주문해서 맛있게 먹었다.

다음 날, 희재는 유치원에 다녀오더니 부모님께 밥 사준 사람은 자기 밖에 없었다며 웃는다. 희재도 아들 역할이 처음이라서 어떻게 해야 할지 모르고 자신이 생각해서 결정한 일일 것이다. 그 마음이 감사해서 오랫동안 기억에 남을 것 같다.

희재와 한 해를 보내고

 연일 건조한 날씨가 계속되었다. 희재가 비염으로 고생이다. 옆에서 보는 나도 괴로운데 희재는 얼마나 괴로울까. 병원에 가도 딱히 방법이 없으니 더 안타까울 뿐이다. 자주 콧물을 빼주고 건조하지 않게 해줘야 한다는데 내가 엄마 노릇을 잘 못하고 있는 것 같다.

오늘도 희재와 같이 잠자리에 들었다.
"엄마랑 가족이 된지 1년이 되 가네."
희재는 누구보다 뚜렷이 기억할 것이다.
"그래, 희재는 아기 때부터 엄마와 함께 살았던 것 같아."
"저도요."
"엄마는 앞으로도 영원히 희재와 함께 살 것 같아."
"저도 그래요."
"희재야, 사랑해."
"저도요."
"하늘만큼 땅만큼 사랑해."
"저는 우주만큼 블랙홀만큼 사랑해요."

"엄마는 우주 끝만큼 사랑해."
"저는 무량대수만큼 사랑해요."
그러다가 희재는 잠이 들었다. 늘 미안하다.

희재와 두 해를 보내고

 희재의 개학이 4월 6일로 연기되었지만 다행히 돌봄 교실을 다닌다. 희재는 아침 10시경에 돌봄 교실에 갔다가 피아노 학원을 다녀서 집으로 돌아오면 귀가시간이 오후 4시가 좀 넘는다.
 돌봄 교실은 맞벌이 가정만이 대상이다. 그러나 코로나 여파로 재택근무가 많아져서인지 아이들이 많이 나오지 않는다. 그래도 몇몇 아이들이 나와서 책도 보고 신체 놀이도 한다.

주말에 희재에게 이층 침대를 사주었다. 이제 엄마 아빠에게서 떨어져 혼자 자는 습관을 시도 해보고 싶었다. 희재가 무서워할 것 같아 당분간 남편이 2층에서 자고 희재는 1층에서 자기로 했다. 이층 침대가 생기고 나서 희재는 엄마와 같이 자려고 하지 않고 혼자서 잘 수 있게 되었다. 이제 학교도 혼자 다닐 수 있을 것 같지만 희재는 아직은 싫다고 한다. 당분간 같이 다녀야지. 너무 재촉하지 말자. 아이는 떠나는 연습을 계속 하고 있으며 언젠가는 스스로 날아가 버릴 테니까.

며칠 후, 이층 침대에서의 잠은 3일을 못 넘기고 희재는 다시
엄마와 아빠 사이에서 빙글빙글 돌면서 잠을 잔다.

뚜렛 증후군

 요즘 들어 나는 밤늦게까지 일 하는 시간이 많아졌다. 희재는 밤마다 나와 같이 자겠다고 버틴다. 나는 그런 희재가 안쓰러워 같이 잠자리에 들지만, 내가 깨어 밖으로 나오면 희재도 깨서 따라 나온다. 아이는 자면서도 늘 자신의 피부로 부모가 옆에 있는지 확인한다.

최근 들어 희재는 두 손을 들어 올리는 뚜렛 증상이 나타났다. 뚜렛은 틱이 1년 이상 지속될 경우 뚜렛 증후군으로 나타나며 장기적인 치료가 필요하다. 희재가 자꾸 두 팔을 들어 올려서 왜 그런지 물어보았다.
"옷이 길어서……"
희재는 소매를 걷는 듯한 행동을 한다. 옷이 반팔이거나 벗고 있을 때도 팔을 하늘 위로 뻗는 행동은 계속되었다. 며칠 전에도 알라딘 서점에서 책을 보면서 두 팔을 뻗었다. 건너편에 희재와 비슷한 연령의 아이가 희재를 바라본다. 희재는 아이를 의식한 듯이 두 팔을 살짝 구부린다. 그 이후엔 고개를 간헐적으로 끄덕인다.

희재는 1년 째 ADHD약을 먹고 있다. 아이가 뚜렛 증상이 나타날 때에는 관심을 주지 말고 자연스럽게 받아들여 줘야 한다고 들었다. 아이 역시 의식적으로 한 행동이 아니니 마음을 편하게 해줘야지. 요즘 들어 희재도 마음이 힘든 시기인 것 같다. 아침에 희재를 학교에 보내면서 희재가 제법 의젓해졌음을 느낀다.

종민 이야기

종민이를 아세요.

주변 사람들은 아이가 신앙을 가지면 정서에 도움이 될 거라고 말한다. 희재는 해성 보육원에서 지낼 때 주말마다 어린이 미사를 보았고 남편은 가톨릭 신자이다. 그래서 우리는 성당을 다니기로 결정했다. 그러나 희재는 내키지 않아 한다. 낯선 장소와 낯선 사람을 유독 불편해 한다.

이번 주말에도 희재는 성당에 가기 싫다고 찡찡대었다. 남편은 희재를 몇 번 달래봤지만 희재가 고집을 부리자 선택권을 주었다.
"그러면, 오늘은 성당에 갈지 아니면 해성 보육원에 갈지 결정해."
"해성에 갈래요."
"그래."

남편은 이야기를 끝내자마자 나와 희재를 태우고 해성 보육원으로 출발했다. 그 곳은 희재가 자란 곳이자 고향 같은 곳이다. 우리는 1년에 몇 번씩 기회가 되면 찾아가, 희재가 아기 시절부터 놀던 놀이터에서 그네도 타고 이모님들께 인사도 드린다. 비록 같이 지냈던 친구들은 모두 떠났지만, 희재는 해성에 가는 걸 좋아한다.

또한, 나는 3,4개월 전부터 희재에게 동생이 있었으면 좋겠다고 생각했다. 그래서 해성에 가면 희재 동생을 소개 시켜 달라고 해야 할지를 막연히 떠올렸다. 사실 입양 건으로 몇 번 연락했지만, 돌아오는 대답은 해성 보육원은 입양 기관이 아니라는 답변 뿐이었다. 나는 거의 포기한 상태였지만, 나에게 그 곳은 기대와 설레는 마음이 공존하는 곳이다.

사무실에 들어가니 원장님이 우리를 반갑게 맞아 주셨다. 희재가 입양된 후 원장님과 처음으로 담소를 나누었다.
"희재가 성당에 안 가겠다고 해서 이리로 왔습니다."
"잘 하셨어요."
원장님은 밝게 웃으시며 희재에게 그 동안 어떤 일이 있었는지 물으셨다. 나는 아빠에게 기대어 앉아 있는 희재를 바라보다가 걱정된다는 듯이 원장님께 말씀 드렸다.

"원장님, 희재에게 동생을 갖게 해주면 좋을 것 같아요. 희재가 너무 애기 같기만 해서요."

"그런가요."
"희재가 똑똑해서 공부는 잘하지만 친구 사귀기를 어려워해요. 주변을 좀 더 이해하는 아이가 되었으면 좋겠어요."
"희재처럼 똑똑한 아이가 한 명 있는데 희재 동생하면 참 좋을 아이가 있어요."
아이 이야기에 나는 너무 깜짝 놀랐고 이 기회를 놓치고 싶지 않았다.
"원장님, 그 아이를 저희가 잘 키워 볼게요."
"글쎄요, 근데 지금 여기에는 없고 작년에 전원을 갔어요."
"아……."
"잠깐만요."

원장님은 일어서시더니 사무실로 가서 통화를 마치고 돌아오셨다. 그리고 조만간 연락이 갈 거라고 하셨다. 아이가 근처 보육원으로 전원 갔지만 적응을 못하고 있으니 우리가 한 번 만나 보라는 것이다. 나는 그 순간 이미 그 아이를 내 아이로 받아들였다. 이후 일은 순조롭게 진행되었다. 며칠 후에 보육원에서 연락이 오고 아이를 만나게 됐고 아이는 매달 한 번씩 우리 집을 방문했다. 일정은 조금씩 당겨져서 한 달에 한 번, 한 주에 한 번씩 아이를 만났다. 그해 8월 말부터 종민이는 우리 집을 방문하기 시작했고, 11월 말에 위탁 심사를 통과했다. 그리고

12월 23일 금요일 오후에 우리 가족이 되어 집으로 왔다.

이제 종민이는 우리를 만나고 돌아가는 차 안에서 가기 싫다고 울지 않아도 된다. 외출하는 날 늦게 헤어지기 위해 음식을 천천히 먹지 않아도 된다. 이제 종민이는 귀가해야 하는 시간을 30분마다 재며 불안해하지 않아도 된다. 종민이는 시간이 안 지나갔으면 좋겠다고 했다. 이제 종민이는 우리와 헤어지며 인사도 제대로 못하고 집으로 들어가자마자 울음을 터트리지 않아도 된다. 그렇게 우리 네 사람은 가족이 되었다. 비록 다음 날부터 또 다른 전쟁이 시작되었지만 말이다.

남도 한 바퀴를 돌다.

2월이다. 잔인한 2월. 남편은 새로운 직장에 적응하기 바쁘고, 희재는 방학이라 집에 있고 종민이는 허니문이 끝나 가는 상태. 집은 아수라장이 되었다.

종민이가 12월 24일에 집에 온 이후로 잠시의 평화가 있었다. 남편은 직장 이동으로 12월 9일에 먼저 광주로 내려갔다. 나는 막바지 논문 정리로 주위를 돌아볼 겨를이 없었다. 다행히 논문이 끝나고 1월 10일부터 본격적으로 이삿짐을 싸기 시작하여 11일 오전에 짐을 광주로 보냈다. 나는 아이들과 마지막 짐을 정리 한 후, 저녁 7시가 넘어 인천 터미널에서 광주로 가는 고속버스에 올랐다. 그리고는 거의 한 달 넘게 집안을 정리하고 아이들 음식을 챙기느라 집 밖을 제대로 구경한 기억이 없다. 남편 역시 낯선 직장 생활에 적응하기 위해 노력하였고 나는 가정을 안정시키기 위해 분주히 움직였다. 그러는 와중에 종민이는 조금씩 새로운 가정에 적응해갔지만, 왠지 불안했다.

2월이 들어올 무렵부터 문제는 조금씩 커져만 갔다. 나는 새로운 곳에 온 이후로 정신없는 하루를 보냈지만 광주 오기 전까지 혼신의 힘을 다해 마무리 지은 논문을 탈고한 여파가 드러나 허탈감과 함께 우울감이 시작되었다. 논문을 애써 탈고했으나 팽팽한 고무줄이 잘라져 그 당겨진 고무줄이 나를 치는 느낌이었다. 그런 와중에 희재와 종민이는 매일 다투고 있었다.

새로운 가정에 적응하기 위해 노력하는 종민이는 사랑을 얻기 위해 고군분투하였다. 나는 종민이에게 사랑을 듬뿍 주려고 하지만 그럴수록 희재는 질투심에 차서 종민이를 괴롭혔다. 종민이는 급기야 우는 방법으로 자신에게 엄마의 시선을 고정시켰다. 자신이 불리하거나 형아가 타박 하거나 엄마가 혼내거나 그게 아니어도 자신의 욕구가 채워지지 않으면 그냥 울기부터 했다.

형아에게 맛있는 딸기를 좀 더 얹어주면 내 것은 왜 작냐고 울었고 형아를 안아주면 자신도 안아달라고 울었다. 저녁 시간에 형아에게 고기를 좀 더 주면 자기 것은 왜 없냐고 아래 입술을 삐죽 내밀며 울 준비를 하였고 형아에게 노트를 사주면 자신만 사주지 않는다고 울었다. 어떤 날은 하루에 여섯 번을 운적도 있다. 그럴 때마다 종민이를 달래고 안아주면 희재는 눈을 부라리며 종민이가 잘못했는데 종민이만 두둔한다고 난리였다. 희재가 종민이를 때리면 종민이는 울었고 그런 희재를 야단치면 희재는 억울하다며 화를 냈다. 이런 상황은 매일 연속적으로 이어졌다.

종민이는 모든 상황을 부정적으로 표현하기 시작했다. '왜에'라든가 '아니라고' 라든가 '내가 싫어서 그런 거겠지.' 라는 말을 반복적으로 사용하며 반항적으로 행동하기 시작했다. 혼날 것 같으면 급하게 자신이 했던 말을 바꿔 거짓말하는 아이처럼 느껴졌다. 나는 남자 아이 둘을 키워본 경험이 없다. 희재는 혼자였을 때, 이처럼 하루를 온전히 난리 피우며 치받으며 누군가와 싸운 일이 없었다.

나는 그 무렵 모든 에너지를 소진한 고목처럼 온몸이 뻣뻣해져서 목을 가눌 수가 없었다. 한의사는 내게 기가 부족한 것이 원인이라며 한약 복용과 함께 지속적인 치료를 권유했다. 2월 중순이 넘어갈 무렵, 나는 온전한 나를 찾기가 어려웠다. 게다가 다음 달이면 3월 학기가 시작되는데, 고학년인 희재에게 방학 동안 아무것도 해준 게 없어 마음이 아팠다. 그때 우연히 알게 된 것이 '남도 한 바퀴'다.

'남도 한 바퀴'는 금호 관광이 만든 당일 여행 패키지로 광주 터미널에서 출발해 전남의 명소를 하루 동안 둘러보고 광주 터미널로 귀가하는 프로그램이다. 나는 '남도 한 바퀴' 여행 패키지를 예약해서 무작정 버스에 몸을 실었다. 물론 아이들과 함께였다. 처음에는 누가 엄마 옆에 앉느냐로 싸우고 실랑이하는 아이들이었지만, 어느새 아이들은 낯선 여행길에 몸을 싣고 새로운 장면에 눈길이 가더니 버스 안으로 들어오는 겨울 햇살에 나른하게 잠이 들었다. 이제야 비로소 평화가 찾아왔다. 나는 아이들이 원하는 대로 번갈아 가며 아이들 옆에 앉아 아무 말도 하지 않고 창밖의 풍경을 바라보았다. 승객들은 5, 60대 분들이 주를 이루었다. 승객 분들은 귀한 아이들을 반갑게 맞아주었고 간혹 간식거리를 나눠 주기도 하였다. 우리는 격일로 남도 한 바퀴를 이용했다. 그렇게 2주일을 보내며 아이들도 조용한 시간을 갖게 되었다. 인천에서 태어난 나는 사회 책에서만 접하던 담양, 장흥, 여수, 무안, 신안, 보성, 광양 등 다양한 지역들을 살펴볼 수 있는 귀한 시간이었다.

이번 여행은 여러 사람들을 만나고 여러 장소의 역사를 통해 나의 위치를 생각할 수 있었고 사색의 시간을 보낸 좋은 경험이었다. 격일로 떠나는 여행으로 몸은 피곤했지만, 비로소 정신이 쉴 수 있었다. 3월이 시작되면서 나는 조금씩 몸이 회복되었다.

손가락을 빨아요.

종민이는 위탁 전 외출로 우리 집에 왔을 때부터 엄지손가락을 입에 물고 잤다. 일곱 살이 손가락을 빨다니, 처음에는 손가락을 물고자는 종민이의 모습이 너무 귀여워서 그냥 두었다. 그런데 가족이 되고 나서 보니 아이는 자면서 손가락을 힘껏 소리 내어 빨고 있었다.

'저렇게 소리 내어 빨면 손가락이 남아나지 않겠네.'
종민이 입에서 엄지손가락을 빼내려 하자, 어찌나 팔에 힘을 주던지 손가락을 빼낼 수가 없었다. 잠결에도 손가락을 빼내지 않으려고 힘을 주는 것이다. 아침이 되면 종민이의 엄지손가락은 퉁퉁 불어있었다. 나는 몇 주일을 지켜보며 아이가 자고 있는 사이에 손가락을 빼주긴 했지만 습관은 잘 바뀌지 않았다. 그러다 손가락을 빠는 행위가 구강 구조에 악영향을 미친다는 글을 보고 대책을 세워야겠다고 생각했다.

처음에는 종민이에게 몇 번 얘기 했으나 고쳐지지 않았다. 그래서 특단의 조치로 엄지손가락에 고추장을 발랐다. 특히나

매운 음식을 못 먹는 종민이에게 고추장을 바르겠다고 하니 입을 삐죽 거리며 운다. 나는 종민이의 엄지손가락에 덜 매운 달달한 초고추장을 살짝 발라주었다. 그랬더니 그 날은 손가락을 빨지 않고 잤다. 그리고 며칠 후 종민이는 다시 손가락을 빨아서 초고추장을 살짝 발라 주니 그 날부터 손가락을 빨지 않게 되었다. 그 이후로 잠깐씩 손가락을 빨고 자면 손가락을 빼준다. 그러면 예전처럼 힘들이지 않게 빠졌다. 종민이도 자면서 손가락을 빼야 한다는 것을 알고 있는 듯 했다. 그리고는 서서히 손가락 빠는 습관이 사라졌다. 사실 종민이의 습관이 너무 쉽게 고쳐져서 놀랐다.

종민이가 손가락을 못 빠는 대신 애착 물건으로 찾은 것은 나의 스카프이다. 종민이는 스카프의 촉감이 부들부들하다며 늘 손에 쥐거나 목에 두른다. 잘 때는 스카프를 꼭 찾아서 안고 잔다. 종민이가 허전한 마음을 채울 무언가를 다시 찾게 되어 다행이었다. 물론 그 이후로 나의 모든 스카프는 종민이의 장난감이 되어 바닥에 굴러다니기 시작했다. 종민이는 새로운 스카프를 보면 무조건 달라는 말부터 한다. 그래서 방구석에는 서너 개의 긴 스카프가 굴러다녀 발에 채였다. 나는 몰래 스카프를 숨겨두고 종민이에겐 딱 한 개만 주었다. 종민이는 옷을 홀딱 벗고 스카프 한 장을 어깨에 걸치고 방 안을 활보한다.

형은 엄마의 스카프를 마구 굴리는 종민이의 행동이 싫었는지 종민이가 안고 다니는 스카프를 몰래 숨겨두어 동생을 불안하게 한다. 그러나 형아에겐 애착 인형이 있듯이 종민이에겐 애착 스카프가 있다는 것을 형도 이해할 것이다.

종민이 귀여워요?

종민이가 집에서 가장 자주 하는 말은 "엄마, 종민이 귀여워요?"라는 말이다. 종민이는 보육원에 있을 때, 방에서 제일 나이가 많았다고 한다. 한 집에 종민이와 일곱 명의 아이들이 함께 살았는데, 종민이가 제일 나이가 많았고 제일 어린 아이는 4살이었다. 이모들은 나이가 어린 동생들을 귀여워해 주었다. 종민이는 큰 형으로서 이모 말을 잘 듣고 동생들을 도와줘야 한다는 말을 자주 들었다. 그래서인지 종민이는 유독 자신이 귀여웠으면 좋겠다고 말한다. 나이가 어렸으면 좋겠다는 말도 자주 한다.

"종민아, 너는 지금도 어리고 엄청 귀여워."
"나 귀여워요? 얼만큼 귀여워요?"
"엄청 하늘만큼 우주만큼 귀여워."

어떤 날은 하루에도 몇 번씩 물어봐 짜증이 나기도 한다. 나는 습관적으로 "응, 귀여워." 라고 하지만, 미운 행동을 하고 난 후에는 "하나도 안 귀여워." 라고 말해 준다. 그러면 울상이 되어 "우엥." 하며 운다.

종민이는 아마도 엄마, 아빠가 생기면 부모의 사랑을 독차지할 거라 생각했을 것이다. 막강한 형이 버티고 있어 실패한 듯 보이지만, 종민이는 꾸준히 귀여움을 폭발시킨다. 종민이의 표현은 학교에서도 이어졌다. 종민이는 쉬는 시간만 되면 선생님의 옆자리로 다가가 귀여운 표정을 짓는다.
"선생님, 종민이 귀여워요?"

대혼란

종민이와 가족이 된 지 4개월이 되었지만 종민이에겐 여전히 뭔가 낯섦이 있다. 종민이는 집에 돌아와도 어딘가 어색하고 손님 같다. 마음을 터놓지 않고 거리를 두는 듯한 느낌이다. 그러다가 한 번씩 반항하는 말투로 나를 무척 난감하게 한다. 종민이와의 대화는 늘 내가 화내는 것으로 끝이 난다. 그날도 안 좋은 일이 벌어졌다.

서구청 아동 보호 주무관과 가정위탁지원센터 담당자가 함께 집을 방문하는 날이었다. 평일이라 오후 한 시 이후에 도착한 종민이와 희재는 처음에는 잘 놀다가 무슨 이유인지 투덕거리기 시작했다.
"종민아, 형에게 대들면 안 돼."
"내가 뭐어."
종민이는 반항적인 말투로 대꾸한다.
"종민아, 말 들어."
"말 안 들을 건데."
"말 안 들을 거면 나가."

아이들은 자신들이 버려졌다고 생각하기 때문에 다시 버려지는 것에 대한 두려움이 있다. 하지만 나도 인간이기에 화가 나면 잘못인 줄 알면서 스스로 참아내기가 쉽지 않다.

"오늘 초록 우산 선생님이 오시는데 종민이를 다시 보낸다고 해야겠다."
"엄마 미워, 엄마 나빠."
"그래, 계속 엄마 나쁘다고 하니 이참에 다시 초록 우산 선생님께 말씀드려야겠다."
종민이는 달그락 불그락 하더니,
"엄마는 날 미워하니까, 엄마 나빠."
"그래, 미워."
종민이는 아랫입술을 쭈욱 내밀더니 어쩔 줄 모르고 서 있다.
"나가!"
"싫어, 안 갈 거야."
"그래, 안 갈 수 없을 걸. 엄마가 보낼 거야."
"싫어."

희재는 엄마와 종민이의 대화를 들으면서 종민이를 다그친다.
"빨리 잘못했다고 해."

"싫어! 종민이 안 잘못했어. 엄마가 입양한다고 했으면서 왜 쫑쫑이를 버리려고 해."

종민이는 뾰로통 해져서 서 있다. 나중에 알았다. 종민이는 당황하면 어쩔 줄 모르고 멀뚱히 서 있다는 것을. 나는 스트레스가 극도로 심해져 있었다. 어떻게 해야 종민이가 반항하는 말투를 멈추고 살가운 아들이 될 수 있을까. 어떻게 해야 종민이가 집 밖을 돌지 않고 가족에게 정을 붙일까.

그때 초인종이 울렸다. 주무관과 팀장님이 오셨다. 현관 문 밖에서 다투는 소리를 듣고 놀라셨던 모양이다. 그 분들은 나의 안색을 살피면서 괜찮은지 물었다. 나는 너무 힘들다고 말해버렸다.

희재는 종민이를 잘 숨기고 있었다. 아이들은 어른들의 눈길을 피해 거실과 안방 창문을 통해 다시 거실로 들어오는 동그란 경로를 따라 빙글빙글 돌다가 커튼 뒤에 숨어서 어른들을 빠꼼히 관찰한다. 나는 희재와 종민이를 불러 선생님께 인사 드리라고 하였다. 아이들은 쭈뼛거리며 인사한다. 담당 선생님은 아이들의 안색을 살핀다.

"종민이 잘 지내?"

"네."

"요즘 어떻게 지내?"

"학교 가고 축구 다녀요."

"뭐가 제일 좋아."

"축구하는 게 제일 좋아요."

"그렇구나."

말이 끝나자마자 희재는 종민이를 감싸고 방으로 들어간다.

위탁 담당자는 내게 심리 상담을 받아보실 수 있도록 알아봐 드리겠다고 했다. 나는 그러겠다고 했다. 나는 나를 돌보는 게 필요했다. 그래야 아이들을 돌볼 수 있을 테니까. 몇 주 지나 가정위탁지원센터에서 마련한 양육 코칭 프로그램에 참여하였다. 비로소 나는 아이들의 마음을 차분히 마주할 수 있었다.

종민아, 종민아.

 기관의 지원으로 희재가 입양 아동 심리 치료를 받는 중이었다. 심리 상담자는 종민이가 위탁 아이니 일단 첫째인 희재에게 좀 더 신경을 쓰라고 조언한다. 그 말을 무슨 의미로 했는지는 자세히 알 수 없으나, 입양아는 호적에 정식 등록된 자녀이고 위탁아는 잠시 맡아 키우는 아이라는 의미로 읽혔다. 물론 첫째 아이의 심리가 불안하기에 희재에게 좀 더 관심을 가지라는 의미였다고 생각하고 싶다. 그러나 한 가정에서 입양아와 위탁아를 동시에 키우며 나는 한 번도 입양과 위탁을 구분해서 생각한 적이 없기에 적잖이 충격을 받았다. 위탁아인 둘째는 입양을 전제로 양육하고 있으며 현재의 입양 제도가 입양이 원활하지 않은 탓에 위탁아로 지내고 있다. 호적에 동거인으로 기록된 둘째 아이도 나의 아이임은 분명하다.

상담자와의 대화 후 나는 위탁 아동이라고 불리는 많은 가정 내의 아동들이 사회의 시선 속에서 보이지 않는 차별을 받을 수도 있음을 느꼈다. 가정 내에서는 그렇지 않으리라고 장담하고 싶지만, 그건 알 수 없는 일이다. 그런 고민 끝에 상담은 더 이상 의미가 없어 종결하였고 두 아이의 엄마인 내가 아이들의 생활을 기록해야겠다고 다짐했다.

비록 매일 정신없는 일상을 보내고 있지만, 짧게 나마 기록을 남겨서 두 아이에게 엄마는 누구 하나 차별하지 않고 사랑하고자 노력했음을 알려주고 싶다. 아무리 내리 사랑이라 하더라도 사랑은 이성적인 노력 없이 지속되지 않는다. 아이의 세상을 알려는 노력과 아이를 포용하고자 하는 노력은 나 자신을 사랑함과 동시에 아이를 사랑하는 일임을 매 순간 기억하고자 한다.

며칠 전 상담 후, 나는 종민이 얼굴만 보면 괜스레 죄책감이 들어 마음이 슬퍼지곤 했다. 몹쓸 말을 들어서 그 말을 아이가 직접 들었다면 얼마나 더 슬펐을까. 형은 동생이 미울 때마다 "너는 정식으로 입양된 게 아니니까."라며 아이를 망연하게 만든다. 그럴 때마다 나는 "엄마도 성이 고 씨인데?"라며 동생을 두둔한다. 형이 입양아를 운운할 때마다 처음에는 형을 혼냈지만, 형은 제 나름대로 동생이 자기를 무시한다고 여길 때마다 공격 한 것이다. 그래서 엄마가 형을 혼내면 동생이 으스대므로 희재는 또 잔뜩 화가 난다. 그렇다고 나는 첫째의 말을 그냥 넘길 수 없는 노릇이다. 그래서 둘째를 안고 달랜다. "괜찮아, 너는 엄마의 아들이야. 엄마는 평생 너와 같이 살 거야. 그게 가족인 거야."

어느 날 토요일, 영화를 좋아하는 희재를 위해 '타워' 라는 재난 영화를 흥미롭게 보고 잤다. 몇 시간이 지났을까. 잠에서 깬 종민이가 심하게 울면서 구역감을 호소하였다. 그리고 일어나 현관문을 열고 나가기도 하고 거실과 주방을 배회하며 어두운 거실에서 물끄러미 베란다 밖을 쳐다본다. 무슨 영문인가 싶어 아이를 흔들어도 나를 보는 반응도 흐리고 혼잣말을 대뇌었다. 몽유 현상이다.

다음날 종민이와 희재를 데리고 아동 병원에서 진료를 하였더니 종민이는 장염에 걸려있었다. 이후에도 종민이는 며칠에 걸쳐 자다 깨어 울면서 구역질을 하고 무섭다고 울고 혼잣말을 하며 다시 거실을 배회하다가 잠자리에 들었다.

종민이는 또래 아이들보다 체격이 좋고 힘이 세다. 운동을 좋아하여 축구 선수가 꿈이다. 일주일에 3일은 왕복 2시간이 걸리는 조선대학교 운동장에서 축구하고 돌아온다. 제법 힘이 들 텐데도 종민이는 축구를 빠지는 것보다 생일 파티를 안 하는 것이 낫다는 만큼 축구에 진심이다. 그래서 우리는 종민이를 강하게 키우겠다고 마음먹었다. 종민이는 자기 주도적인 아이이기에

늘 반항을 일삼는다. 나는 종민이를 체력적으로 감당하기 어려워 과거에 운동했던 아빠에게 종민이의 훈육을 맡겼다. 아빠는 역시나 종민이를 규율이 엄격한 운동선수 다루듯 했다.

그러나 나는 이번 일을 겪으며 아이를 다시 관찰하기로 마음먹었다. 아이는 생각보다 심성이 여리지만 자신의 마음을 쉽게 드러내지 않는 아이일 수 있다고 생각했다. 나의 성향은 상처를 받으면 심하게 저항하거나 표현하여 기분을 풀어내지만, 남편은 상처를 받으면 꾹 참고 있다가 몸에 병이 나는 성향이다. 종민이도 아빠와 비슷하지 않을까를 추측하며 나의 양육 방식을 스파르타식의 운동선수가 아니라 자유로운 예술가의 훈육 방식으로 바꿔 보고자 한다. 그러나 그게 쉬운 일은 아닐 것이다.

어떤 방식이든 나는 종민이의 감성을 억누르지 않고 키워 보기로 했다. 비록 운동을 좋아하고 넘어져도 금방 일어나는 아이지만 때로는 가르치지 않아도 예쁜 말을 자주 하는 등 감각이 예민한 아이이기 때문이다. 가장 큰 이유는 몽유 현상이 스트레스로 인한 것일 수 있다는 자책감에 가급적이면 아이의 스트레스를 줄여주고 싶었다. 기분 좋고 자유로운 것이 나쁜 것인가. 다른 사람을 해치지 않는다면 자유롭게 해주고 싶다.

집이 지저분하면 어떤가. 어질러놓아도 스스로 치울 때까지 두면 되지 않을까. 당장 집이 깨끗한 것이 아이에게 행복한 일인가. 이런 저런 생각을 해보게 된다.

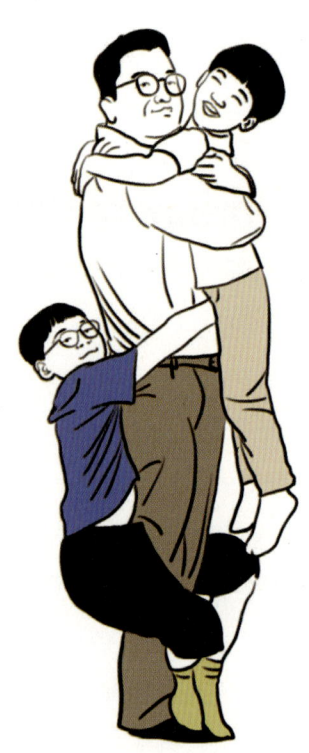

수영이 누나

몇 일 전, 수영이가 놀러 왔다. 수영이는 보육원에서 보호 종료된 24살 아이다. 2년 전부터 우리 가족과 자주 만나왔다. 우리는 수영이가 사는 곳에 가끔 놀러 가기도 하고, 명절이면 수영이가 우리 집에 놀러 오기도 한다. 특히 종민이는 지난 달 수영이가 사는 청주에서 함께 축구를 한 이후로 수영이를 매우 좋아한다. 이번에도 역시나 종민이는 수영이를 보자마자 축구 하러 나가자고 한다. 수영이는 2박 3일간을 거의 종민이와 짝꿍이 되었다.

첫날 밤, 희재와 종민이는 모두 수영이와 같이 자겠다고 자기들 방에 들어가 방문을 닫았다. 나의 계획은 낯설어하는 수영이를 배려해서 수영이를 아이들 방에 재우고, 희재와 종민이는 엄마 아빠와 함께 안방에서 자는 것이었다. 그러나 희재와 종민이는 수영이에게 물어보지도 않고 같이 자겠다고 방으로 들어가 버렸다. 결국 이층 침대에서 1층은 수영이가 자고 2층은 희재, 종민이는 바닥에 매트를 깔고 잤다. 종민이는 밤에 꼭 한 두 번은 일어나 화장실에 가거나 잠든 채로 움직이는 습관이 있다.

그날도 종민이는 잠을 덜 깬 채로 일어나 중얼거리며 수영이를 밀어버리고 1층에 누워버렸다. 수영이는 종민이의 행동이 무서웠다고 했다.

다음 날, 종민이는 수영이와 함께 초등학교 운동장으로 축구를 하러 갔다. 비가 내린 후, 문화창조원에 들러 전시를 볼 때도 종민이는 수영이 손을 잡고 둘만의 데이트를 즐겼다. 나는 희재와 오랜만에 데이트를 즐겼고, 아빠는 혼자만의 자유로운 시간을 만끽했다. 전시를 다 보고 난 후 피자 몰에서 음식을 먹을 때도 종민이는 수영이 옆에 앉아 수영이와만 대화를 나눴다. 음식을 가지러 갈 때에도 수영이와 함께 했다. 우리는 종민이의 집요한 행동에 웃음을 참지 못했지만, 종민이는 우리를 본체만체 했다.

"종민아, 누나가 집으로 돌아가면 누구랑 놀려고 하니. 엄마는 안 받아 준다."
나는 왠지 서운해 종민이에게 엄포를 놓았지만, 종민이는 들은 체도 하지 않았다. 이튿날 밤에도 종민이는 수영이를 데리고 방에 들어가더니 문을 걸어 잠갔다. 희재가 방문을 열라고 해야만 열어주고, 다시 문을 굳게 닫아버려서 엄마와 아빠는 들어가 볼 수도 없었다.

다음 날 아침, 일찍 일어난 종민이는 누나를 깨우기 시작한다.
"종민아, 누나는 아침 잠이 많으니까 깨우지 말고 방에 들어가지 말거라."
"알겠어요."
종민이는 어느 샌가 누나를 깨우고 있었다. 수영이도 이제 좀 짜증이 났는지 일어나서 거실로 나온다.
"반 강제적으로 일어났네."
그러나 누구도 종민이를 말릴 수 없었다.
"누나 좋아."
종민이는 누나가 거실에서 식사를 하자 의자 뒤로 가더니 누나를 안으며 웃는다. 수영이는 난감한 듯 웃어 보였다.

이제 수영이는 조금씩 종민이에게 지시하기 시작했다. 머리를 감아라. 양치를 해라. 옷은 이거 입어라. 손을 씻어라. 조금씩 늘어나는 주문에 종민이는 바로 알겠다며 말을 들었다. 신기했다. 내가 입히려고 했으나 못 입혔던 베이지색 면바지도 수영이 한 마디에 바로 입었다. 종민이는 오로지 수영이만 바라보고 있었다.

"종민이는 나중에 연애하면 엄마 아빠도 몰라보겠어~"

수영이는 별말 없이 웃는다. 수영이도 오랜만의 방문이라 어색하고 불편할 수 있었는데, 종민이가 수영이의 어색한 자리를 정신없는 구애로 꽉 채우는 것 같았다. 3일째에는 아침 식사 후 가족 모두 성당에 가서 미사를 드렸다. 미사 시간에도 종민이는 수영이 옆에 앉아 있었고, 미사가 끝나자 수영이는 종민이의 손을 잡고 집으로 걸어갔다.

이윽고 수영이가 집으로 돌아가야 하는 날이 되었다. 수영이를 배웅하기 위해 차에 오를 때였다. 종민이는 수영이 옆에 앉겠다고 떼를 부렸다. 희재는 더 이상 봐줄 수 없다며 싫다고 단호히 거절했다. 희재가 앉은 가운데 자리를 종민이가 앉겠다고 떼를 부린 것이다. 종민이는 차 앞에 서서 희재와 실랑이를 벌였다. 희재는 싫다고 버티며 짜증을 낸다. 상황을 지켜보던 남편도 표정이 어두워졌다.

"안되겠어. 희재는 엄마랑 집에 있어. 내가 데려다 주고 올게요."

나는 희재에게 한 번만 참으라고 눈짓 했다. 희재는 아빠가 화를 내시자 무서웠든지 입을 다물었다. 결국 종민이는 수영이 옆에 앉았다. 차가 송정역에 도착할 즈음, 나는 종민이에게 조심스럽게 설명했다.

"종민아, 누군가를 좋아하고 싶어도 상대방이 불편해하면 좋아하면 안돼. 좋아해도 혼자 속으로 좋아하고 상대방에게 집착하면 안 되는 거야. 그리고 상대방이 싫다고 하면 놀아달라고 조르면 안 되는 거야."
남편은 걱정된다는 듯이 종민이를 흘낏 본다.
"종민이를 차에 두는 것이 어때요. 저리 떼를 부리는데."

역시나 종민이는 차에서 내리자마자 수영이 손을 잡고 같이 가겠다고 떼를 썼다. 종민이에게 애써 설명한 내 말은 소용없었다. 종민이는 기차역으로 가는 내내 울기 시작했다. 나는 종민이 손을 잡고 갔으나, 종민이는 어쩔 수 없이 내 손을 잡은 것 뿐이었다. 종민이는 내 카디건 자락을 붙잡고 울었다. 기차역 광장에 들어서자 남편은 종민이를 억지로 끌어안고 밖으로 나갈 기세로 종민이를 지켜보았다. 종민이는 매우 단호하게 나를 뚫어져라 본다.
"누나네 가서 하루만 있다가 올 거야."
나는 자세를 낮추고 종민이에게 눈을 맞췄다.
"종민이가 누나를 따라가려면 누나 허락을 받아야 해. 누나가 불편해하면 억지로 가면 안 되는 거야."
나는 수영이에게 눈짓을 보냈다.

"종민아, 표가 없어. 그리고 같이 가더라도 종민이는 집에 혼자 돌아갈 수 없어."
"갈 거야, 갈 거야."
종민이는 목소리에 힘을 넣어 완강하게 말했다.

나는 도저히 안 되겠어서 수영이에게 먼저 개찰구로 들어가라고 했다. 결국 누나가 개찰구 쪽으로 발걸음을 재촉하며 손을 흔들어 보이자, 종민이는 그제야 포기한 듯 울음을 터트리며 내 손을 꽉 붙잡고 홱 돌아서서 씩씩거리며 걷는다.
"엄마 때문에 못 간 거야. 엄마 때문이야."
종민이는 잔뜩 심통이 나서 나를 똑바로 노려본다.
"엄마 때문에 못 간 거야."
종민이는 한껏 툴툴거린다.

한 시간이 흘렀을까. 집으로 돌아오는 길에 나는 종민이에게 조용히 물어보았다.
"종민이는 왜 수영이 누나를 못 따라간 거 같아?"
"엄마가 못 가게 했잖아."
"정말 엄마가 못 가게 한 거 같아?"
종민이는 한 참을 생각하는 듯하더니,
"못 간 이유를 알아. 누나가 집에 올 때 나 혼자 와야 해서 안 된

대."
"누나가 너를 집에 데려다 줄 수도 있잖아."
"누나가 못한대."
"종민아, 수영이 누나는 아직 종민이를 돌보고 데려다 줄 준비가 안 되어 있어. 나중에 누나가 준비되면 그때 보내 줄게."
"왜 스물네 살인데 여덟 살보다 못해."

종민이는 집에 와서도 몇 번이나 '누나가 좋아.' 하면서 나를 안고 울었다. 저녁을 먹고 난 후 종민이와 둘이 있는 시간이 되었다.
"종민아, 수영이 누나가 왜 그렇게 좋아."
"누나가 축구해주잖아."
"그게 다야?"
"엄마한테 비밀을 알려 줄게. 아무한테도 말하지 마. 거짓말하면 안 되니까 정직하게 얘기하는 거야."
나는 귀를 종민이에게 가까이 댔다.
"수영이 누나가 방에서 몰래 피파 게임을 시켜줬어. 그리고 누나가 한 골을 넣어줬어. 그리고 밤에 런닝맨도 보여줬어. 엄마만 알고 있어. 그리고 누나가 밖에서 밀키스도 사주고 젤리도 사 줬어. 엄마는 젤리 안 사주는 데 누나는 맛있는 것도 잘 사줬어."

나도 속삭였다.

"그랬구나."

밤늦게까지 아이들 방문이 굳게 잠긴 이유를 대략 짐작할 수 있었다. 아이들은 그렇게 자기들만의 신나고 달콤한 시간을 보냈던 것이다.

그 날 밤, 나는 희재와 종민이랑 함께 아이들 방에 누웠다. 1층에는 종민이가 눕고 2층은 희재, 나는 바닥에 매트를 깔고 누워 종민이의 배를 토닥토닥 해주었다. 2층에 있던 희재는 내려와 내 옆을 비비며 누웠다. 종민이는 자다가 일어나 거실을 배회하는 일 없이 아침까지 잘 잤다.

문득, 종민이가 보육원에 있을 때 1박 외출을 하고 돌아가던 모습이 떠올랐다. 종민이는 오후 8시가 귀가였는데, 5시부터 거의 20분 간격으로 시간을 재며 불안해했다. 그리고 보육원으로 귀가하는 차 안에서 늘 눈을 감고 조용히 울었다. 도착하면 뒤도 안 돌아보고 현관으로 달려 들어가 이모를 붙잡고 울거나 방으로 후다닥 들어가 울었다. 그때도 종민이는 우리와 헤어지기 싫어 얼마나 마음이 아팠을까. 종민이의 뜨거운 마음이 느껴진다.

완두콩 까기 놀이

마트에 가니 예쁜 완두콩이 한 꾸러미 씩 놓여 있다. 이맘때 수확한 완두콩은 맛있다. 작년에는 외국에서 수입된 건조 완두콩을 불려서 밥을 지어 먹었다. 완두콩으로 밥을 지으면 희재가 완두콩만 빼먹던 기억이 나서 오랜만에 완두콩을 한 꾸러미 샀다. 가격은 4킬로그램에 19,800원. 이걸 언제 다 까나 고민하다가 아이들에게 완두콩 깐 그램 수만큼 돈을 주기로 했다. 아이들이 가사를 돕고 돈도 벌 수 있으니 좋지 않을까. 나는 완두콩 한 꾸러미를 집에 가져가 거실에 펼쳐 놓았다.

5학년인 희재는 시큰둥하다.
"총 4킬로그램인데 완두콩을 까면 2킬로그램 밖에 안될 거고 400그램이면 400원이고 그럼 수고한 만큼의 재미가 없네. 난 안해."
"그럼 깐 그램 수의 두 배를 줄게."
"에게, 그래도 800원인데요."
희재는 흥정하기 시작했다.
"그걸 게임 시간으로 바꿔주면 좋겠다."

나는 혼자 궁리를 하였다.
"뒷자리에 0을 붙여야 하나."

거실 바닥에는 이미 완두콩이 돗자리에 펼쳐져 있었다. 먼저 완두콩에 달라붙은 아이는 종민이였다. 종민이는 돈을 벌 수 있다는 말에 그냥 신이 났다. 멀리서 책을 읽던 희재는 슬그머니 와서 완두콩을 깐다. 나는 두 아이에게 똑같은 크기의 그릇을 주고 식 저울을 갖다 놓았다. 그런데 생각보다 아이들이 너무 열심히 깐다. 완두콩 까기는 12시가 다 되어 시작되었기에 나는 해물 칼국수와 해물 전을 해서 식탁에 두고 늦은 점심을 하자고 불렀으나, 아이들은 완두콩 까기에 여념이 없었다. 아이들은 점심을 먹는 둥 마는 둥 하다가 다시 완두콩이 놓인 자리에 가서 앉는다.

시간은 오후 3시가 지나가고 희재가 먼저 힘이 들었는지 그만해야겠다고 털고 일어난다. 희재가 깐 완두콩 양은 종민이의 양보다 많다. 희재는 900그램 정도 되었고 종민이는 600그램 정도 되었다. 아무래도 종민이가 더 어리다 보니 손이 느릴 수밖에 없었다.

"곱하기 2하면 1,800이니까 그걸 20분 시간으로 게임 시켜주면 좋겠다."
종민이도 맞장구를 친다. 나는 그냥 웃기만 했다. 나의 반응에 재미 없어진 희재가 딴 짓을 하고 있는 사이에도 종민이의 완두콩 까기는 계속되었다. 종민이의 완두콩이 1,000그램을 넘어서는 순간이었다. 종민이는 정말 열심히 하면서 재미있어 했다.

종민이가 식 저울로 이리 재고 저리 재며 신나하는 사이, 종민이의 완두콩 그릇을 슬그머니 들여다본 희재는 다시 완두콩을 까기 시작했다. 다시 불이 붙은 완두콩 까기. 결국 완두콩은 깨끗이 정리되었다. 희재는 1,202그램, 종민이는 1,136그램으로 희재의 양이 조금 더 많았다. 아이들이 서로 누구 것이 많은지 시비를 벌일 때마다, 나는 반복적으로 되뇌었다.
"경쟁은 남과 하는 것이 아니라, 오늘 보다 나은 미래의 자신과 경쟁하는 거야. 너희는 서로 경쟁하는 게 아니야."

아이들이 완두콩을 다 까고 난 후, 나는 아이들을 불러 자신들이 깐 완두콩 꾸러미를 모아놓게 하고 식 저울로 검수 작업에 돌입했다. 그리고 곱하기 두 배를 하여 금액을 쪽지에 적어 놓았다. 희재는 2,800원. 종민이는 2,320원.
"엄마, 돈은 언제 줄 거예요."
나는 한참 집안일을 끝내고 잠자기 전에 쪽지에 적힌 금액을 계산하여 각자의 책상 위에 올려놓았다. 다음 날 아침, 종민이는 천원 지폐를 접어 저금통에 넣고 책가방을 멘다.

"엄마, 완두콩 까기 한 번 더 하자. 재미있어."

"일 년 내내 완두콩을 먹겠네."

축구

종민이는 축구를 정말 좋아한다. 처음 우리 집에 왔을 때도 축구 선수가 꿈이라고 말하곤 했다. 가족이 된 후로도 축구하고 싶다는 말을 제일 많이 하고 축구하러 가는 날을 제일 손꼽아 기다린다. 학교에 다닐 때도 축구 유니폼만 입고 다니며 선물도 축구화, 축구공을 원했다. 그런 종민이가 간혹 축구를 못 갈 때가 있다.

종민이와 가족이 된 후 희재와 종민이는 하루도 편할 날이 없을 만큼 서로 싸웠다. 희재는 종민이라는 동생이 생기고 나서 엄마 아빠의 사랑을 빼앗겼다는 상실감과 질투심에 사로잡혔다. 종민이는 종민이대로 새로운 가족의 사랑을 받기 위해 노력하였고 4살 차이의 형을 이기려 했다. 다툼은 주로 형이 동생을 툭툭 치거나 동생에게 화를 내면서 시작되었다. 종민이도 형을 무시하거나 짓궂게 구는 일이 잦아졌다.

최근에는 희재와 종민이가 서로 투덕거리다가 종민이가 주먹으로 방문을 쾅쾅거리며 큰 소리로 싸우는 일이 생겼다. 저녁 시간 인지라 조용한 시간에 싸움이 벌어지면서 예민한 남편이 참을 수가 없었던지 화를 내었다. 그래서 희재와 종민이에게는 새로운 규칙이 생겼다. 서로를 때리면 서로가 가장 좋아하는 것을 못하게 하는 벌칙이다. 희재에게 가장 소중한 것은 휴대폰이고 종민이에게 가장 소중한 것은 축구이다. 그러므로 서로를 때리면 희재는 휴대폰을 하루 반납하고 종민이는 그날 축구 교실을 못 간다.

그 날부터 서로는 더 이상 때리며 싸우지 않게 되었다. 참으로 다행스러운 일이었다. 그러나 종민이가 형을 화나게 하는 일이 잦아졌다.
"엄마가 종민이 편을 드니까 종민이가 버릇이 없어져서 나를 무시하는 거잖아요."
희재는 내게 화를 내곤 한다.

이제는 둘이 서로 말로 티격태격 하며 싸운다. 희재는 종민이가 잘 가지고 놀고 있는 자신의 장난감을 달라고 뜬금없이 쏘아댔다. 종민이는 화가 나서 희재에게 잘 건네주지 않고 자신의 뒤로 던져 버렸다. 화가 난 희재는 남편에게 종민이를 벌줘야 한다며 씩씩댔다. 희재가 형이기 때문에 형의 의견을 우선으로 존중해야 한다는 남편의 입장은 늘 뚜렷하다. 그래서 남편은 종민이를 불러 어떤 벌을 받겠느냐고 묻는다. 새로운 벌칙을 세워야 겠다고 말한다. 남편은 집안일을 하면서 모른 체 하는 나를 불러 회의에 참여 하라고 했다.

나는 희재와 종민이의 싸움은 그냥 지켜보자고 했으나, 남편의 입장은 희재가 요즘 수세에 밀리고 있다는 판단이었다. 희재가 요즘 종민이로 인해 스트레스를 많이 받고 있어서 희재 의견을 들어줘야 한다는 것이다.

"희재야, 새로운 벌칙을 세우면 그 벌칙은 너희 둘 모두에게 적용돼. 너희는 형제라는 공동체이기 때문이야. 그리고 더 많은 벌칙이 생길수록 너희 둘은 더욱 힘들어질 거야. 벌칙은 더 세질 거고. 그러므로 새로운 벌칙을 만드는 것은 반대야."
희재는 자신도 잘못하면 당당하게 벌을 받을 거라고 날을 세운다.

"둘의 문제를 둘이 해결하지 못했으니 동생이 벌을 받으면 너도 똑같이 벌을 받아야 해. 그러면 종민이가 형을 무시하고 나쁜 행동을 했으니까 다음 주 축구를 수, 금요일은 가지 않는 것으로 해. 그리고 희재도 수, 금요일은 핸드폰 반납이야."
그 순간, 종민이는 두 손으로 자신의 귀를 막았다. 희재는 자신도 속상하지만 동생이 축구를 못 가게 됐으니 괜찮다는 표정이다.

사건이 어느 정도 정리된 후, 나는 종민이를 씻기고 무릎에 생긴 상처를 소독하고 밴드를 붙였다.
"종민아, 종민이도 형의 장난감을 가지고 놀고 싶었을 텐데 형이 달라고 해서 기분이 나빴을거 같아."
"엄마, 벌칙을 그냥 없던 것으로 하면 안돼?"
"아빠랑 가족회의로 결정해서 안돼."
"어휴."
종민이는 한숨을 쉰다. 침대 위에서 책을 보는 희재는 이번 만큼은 자신이 손해를 보더라도 물러서지 않으려는지 모른 체하며 책을 본다.

다음 날 오후, 학교에 있는 종민이로부터 여러 차례 콜렉트콜이 왔다.
"종민아, 무슨 일 있어?"
"내일 축구 안 가는 거예요?"
"응, 안 가는 거야."
"알겠어요."
"종민아, 어디야."

"학교예요."

종민이는 뭐 하러 물어보냐는 듯 시큰둥하게 대답한다. 8살 아이 치고는 너무 냉랭한 목소리에 마음이 아팠다. 종민이에게 엄마는 축구를 못 가게 하는 나쁜 사람이 되어버렸다. 어젯밤 종민이는 자신도 노력하는데 잘 되지 않는다고 했다. 나도 잘 안다. 아이들이 서로를 배려하는 습관을 가질 수 있는 방법은 없는 것일까.

담임 선생님의 전화

종민이의 담임 선생님께서 전화를 주셨다. 선생님은 몇 번을 참았다가 결국 고민 끝에 전화를 드린다고 하셨다.
"어머니, 오늘은 종민이가 좀 더 심해서 수업을 진행할 수 없었어요."

대략적인 설명으로는, 종민이가 국악 시간에 수업에 집중하지 못하고 친구들과 노느라 산만하게 움직였다. 종민이는 교실에서 발로 축구 연습을 하는 행동, 친구들을 위협하는 행동, 친구가 하지 말라고 하는데도 친구를 계속 간지럽히는 행동 등으로 친구들을 불편하게 한다. 수업 시간에는 같은 반 친구들이 '종민이가 때려요.', '종민이가 시끄럽게 해요.' 라고 호소한다는 것이다. 선생님이 종민이를 불러 혼을 낼 때조차 종민이는 성의 없이 잘못했다고 대충 말해버려서 선생님은 너무 당황스러울 만큼 기분이 상했다.
"종민아, 그건 무례한 행동이야. 예의가 없는 거야."
선생님은 종민이를 타일렀으나 종민이는 피식 거리며 웃었다.

나는 위탁 초반에 종민이의 이해할 수 없는 행동으로 당황했던 적이 여러 번 있었다. 종민이는 분명 만 7살임에도 무언가 지시를 하거나 설명을 하면 어른처럼 시비투로 말투를 바꾼다.
"왜 ~ , 아니거든."
종민이는 반항하는 표정을 짓는다. 심지어 말을 하다가도 자신이 불리하다고 여기면 단어의 의미를 너무 쉽게 바꾸어 버리면서 그 상황을 모면하려고 한다. 순간 나는 종민이에게 애써서 설명하는 모든 것이 무의미하게 느껴지고 모멸감을 느낀다.
'왜에~' 라든가, '아니이~' 라든가, '하지 말라고~' 등 초반에는 '아니지' 라는 말을 너무 자주 사용해서 제발 '아니' 라는 말은 절대 쓰지 말라고 혼을 낸 적도 있다. 타인이 말을 하면 잘 들으려 하지 않고 '아니' 로 시작하고 그 말투의 사용에는 어른과 아이를 가리지 않았다. 도대체 어디서부터 잘못된 것일까.

가족이 된 후 한 달 가량 종민이는 매일 혼나고, 나는 매일 괴로워했다.
"종민아, 네가 아니라고 자꾸 말하면 엄마 말은 다 틀린 것 같아서 엄마가 너무 슬퍼. 아니라는 말은 쓰지마. 엄마 말도 인정해 줘야지."
아이가 학교에 입학할 3월초까지 두 달 가량은 거의 괴로움의

연속이었다.

학기 초가 지나고 4월 정기 상담에서 담임 선생님은 그러한 종민이의 태도를 우려하셨다. 3월에는 조용히 규칙을 잘 지키는 아이였는데 언제부터 아이가 산만해지고 다른 아이들을 힘으로 제압하려고 한다는 것이다. 그리고 아이가 너무 부정적이라는 것이다. 나는 충분히 공감할 수밖에 없었다.

이후에도 선생님은 여러 차례 전화로 종민이로 인한 어려움을 호소하였다. 산만한 상태가 조금 더 심해지고 있으며 자신의 마음이 감당할 수 없을 만큼 당황스럽게 한다는 것이다. 어디서부터 잘못된 것일까. 무엇이 문제일까.

오후에 만나는 돌봄 교실 선생님께 종민이의 태도에 대해 여쭤보았다. 돌봄 선생님은 돌봄이 상대적으로 규칙이 덜하고 자유롭기 때문에 종민이의 문제는 부각되지 않는다고 하였다. 종민이는 에너지가 많은 아이 정도이며 잘 지내고 있단다. 복지 선생님은 다른 아이들이 두 발자국 걸으면 종민이는 아홉 발자국을 걷는 아이라고 하였다. 상 남자 스타일이지만 담임 선생님은 힘들 것 같다고 덧붙이신다. 나는 종민이의 말도 들어 보고자 그날 밤 아이를 불렀다.

"오늘 학교에서 무슨 일 있었니?"

종민이는 웃는다.

"난 자꾸 친구들이랑 놀고 싶어요."

"왜 오늘 국악 시간에 수업을 듣지 못했니?"

"나는 자꾸 밖에 나가서 놀고 싶은데 교실에 있어야 해서 답답했어요."

"종민아, 왜 오늘은 친구가 간지럼이 싫다고 했는데 자꾸 했니?"

"흐흐, 친구랑 노느게 재밌었어요."

"친구가 싫다고 하면 그만해야 해."

"종민아, 왜 수업 시간에 자꾸 돌아다녔니."

"가만히 있기가 힘들어요. 친구랑 놀고 싶어져요."

종민이는 규칙을 어기더라도 친구들과 노는 것을 더 좋아한다. 규칙을 지키려 해도 잘 안된다고 한다. 그러면 어떻게 해야 할까? 축구를 좋아해서 수업 시간에 축구공을 차는 행동을 한다면, 학교를 다니지 않고 축구만 하는 것이 더 낫지 않을까? 사람마다 다르게 살아가는데 그래도 되지 않을까? 하지만 축구만 잘하면 검정고시로 학업을 마쳐도 축구 선수가 될 수 있을까? 그런데 정말 축구 선수가 되기 위한 자질은 갖추고 있는 걸까? 이제 만 7살인 종민이.

종민이는 좋은 추억을 얘기할 때 늘 해성에서 있었던 일이라고 말한다. 태어난 지 두 달 만에 보육원에 입소해서 만 5살 때까지 집처럼 지냈던 해성. 그리고 전원 되어 1년 지냈던 향진원. 종민이를 너무 사랑하시는 해성 보육원 원장님은 나에게 종민이를 보내며 당부 하셨다.

"무슨 일이 있어도 종민이에게 강요하기보다 설명을 해줘야 해요. 아이는 이야기를 납득해야만 인정하는 아이예요."
어쩌면 종민이의 반항은 기질적 특성에 기인한 것일 수 있겠다는 생각이 들었다. 나는 종민이에게 물었다.
"종민아, 학교에 가기 싫으면 집에서 홈스쿨링을 해도 돼."
종민이는 학교에 가겠다고 한다. 그러면 학교 규칙에 적응해야 한다.

희재의 8살 때가 생각났다. 희재의 초등학교 1학년을 담당하셨던 담임 선생님 말씀에 의하면, 희재는 반 아이들을 손으로 치고 다녔고 늘 친구들과 싸움을 일삼았다. 그리고 급기야 같은 반 친구의 얼굴을 긁어서 담임 선생님께 전화가 왔다. 나는 그날 너무 화가 났다. 희재는 만 6살에 유치원에서 아이의 얼굴을 심하게 긁어서 큰 사건이 있었다. 그러면서 문득 희재가 입양 초기에 받은 심리 검사 결과에서 ADHD판정을 받았던 기억이 떠올랐다. 바로 다음 날 나는 희재를 데리고 부천에 있는 두드림 정신과 의원에서 ADHD로 약을 처방 받았다. 약을 복용하고 희재는 몰라보게 조용해졌다. 학교에서도 그랬고 가정에서는 책만 보았다. 너무 책만 뚫어지게 보아서 희재는 "엄마, 내가 책을 보고 있는데 책이 뚫어질 거 같아요." 라고 놀라기도 했다. 희재는 순식간에 말썽꾸러기에서 모범생이 되었다.

나는 약의 효용성에 대해 말하는 것이 아니라, 아이의 자존감에 대해 말하고자 한다. 희재는 기질적으로 불안이 심한 아이이다. 희재는 처음 학교에 입학하자마자, 불안 속에서 생존하고자 자신의 날카로운 감정을 적극적으로 표출한 것은 아닐까. 어쩌면 약은 그런 희재의 불안을 조금 누그러뜨려 줄 수 있지 않았을까. 희재는 1년 반 만에 약을 더 이상 복용하지 않게 되었다. 정신과 원장은 쿨하게 말했다.
"아이가 먹기 싫다면 주지 마세요."

나는 희재의 사례가 종민이에게 도움이 되지 않을까 조심스레 생각해본다. 며칠 전 종민이는 내게 말했다.
"집에서는 아빠가 아이스크림을 사달라고 해도 안 사주고 학교에서는 선생님한테 혼나고."

집에서나 학교에서나 부정적인 피드백을 받는 종민이가 긍정적인 생각으로 개선될 수 있다면 약의 도움도 마다할 이유가 없다. ADHD진단을 받고 약을 복용하는 아이들이 모두 호전되는 것은 아니다. 약의 효과가 나타나지 않는 경우도 있다. 오늘 아침에도 종민이는 현관문을 열고 인사하는 내게 먼저 문을 닫으라고 말했다.
"종민아, 즐거운 하루 보내!"
오늘도 종민이에게 평화로운 날이 되기를.

🐦 종민이와 데이트

 서구청 생활지원센터에서 종민이의 2차 정서 검사가 있었다. 정서 검사는 상담과 그림 검사 등으로 한 시간 가량 걸렸다. 심리 상담사는 종민이가 작년 11월에 받은 종합 정서 검사에서 왜 ADHD 소견이 나오지 않았는지 의아하다고 말한다. 나중에 확인해보니 위탁 서류에 ADHD 소견 기록이 있었다.

이번 정서 검사 결과에서는 종민이의 정서 상태가 불안하고 다른 또래에 비해 정서 발달이 더딘 편이라고 나왔다. 앞으로 심리 치료와 정신 상담 등을 통해 조금씩 아이의 마음이 호전될 수 있도록 치료를 받기로 했다. 서구청 지원 센터에서는 내게 소아 청소년 정신과 전문의를 소개해 주었다. 소아 정신과 전문의는 정신과와 소아 청소년과를 모두 수료해야 하기 때문에 전문의가 많지 않고, 광주에서는 두 분 밖에 없다고 한다.

다음 날 나와 종민이는 이지선 소아 정신과 의원에 오전 진료 시간에 맞춰 도착했다. 아이들이 볼 수 있는 책이 한 곳에 칸막이로 놓여 있었다. 종민이는 시원하게 물을 한 잔 들이켜더니 책을 펼쳤다.

이지선 원장은 종민이를 보자마자 학교에서 친구와 잘 지내는지, 수업 시간에 집중하기 어려운지 등 여러 질문을 하였다. 종민이는 수업 시간이 어려운 이유를 밖에 나가서 놀고 싶다고 하였다. 그리고 친구들 중에서 자신이 가장 힘이 세다고 한다.
"그렇다면 너로 인해 친구들이 힘들 수 있겠구나."
종민이는 고개를 끄덕였다. 진료실 한 켠에는 종민이의 시선을 잡은 장난감들이 옹기종기 모여 종민이를 기다리고 있었다.
종민이의 상담이 끝난 후 부모 상담을 했다.

의사는 아이가 시설을 옮겨 다니는 동안 피해 의식이 강해지고 방어적 태도를 취하는 것이 아닌가를 지적 하셨다. 아이는 유아 보호 시설에서 장기 보육 시설로 전원 한 후에 적응이 쉽지 않았다. 충분히 유추할 수 있는 일이었다. 원장에게 병명을 물으니 ADHD 증상이라고 하였다.

나는 복용할 약을 받고 한 동안 병원 소파에 앉아서 종민이의 마음이 편해지기를 기다리며 빈둥거렸다. 종민이는 어제 검사할 때보다 마음이 편해 보였다.
"종민이가 학교에서 수업 받기 힘들어서 안 힘들어질 수 있게 치료 받는 거야."
종민이가 제일 힘든 것은 학교에서 적응하기와 밤에 잠 잘 때 무서움을 느끼는 것이다. 의사는 학교에서 규칙을 잘 지킬 수 있는 자기 조절약과 불안감을 줄여주는 약을 처방해 주었다.

그날 밤 나는 종민이, 희재와 안방에서 같이 잠을 잤다.
"종민아, 오늘 밤도 잠잘 때 무서워?"
"안 무서워요."
"오늘은 왜 안 무서워? 약을 먹어서 안 무서운 거 같아?"
"아니요. 엄마와 함께 자고 있고 묵주 팔찌도 하고 있고 약도 먹어서 안 무서운 거 같아요."
"그렇구나, 다행이네."
다음 날 종민이는 일어나자마자 나를 보더니 씩씩하게 말한다.
"어젯밤에 하나도 안 무서웠어요."

그 동안 종민이의 마음은 어른들이 상상하는 것보다 더 많이 불안하고 힘들었던 것이 아니었을까. 시설에서 시설로 이동한 후 1년이 되어 위탁 가정으로 삶의 공간을 옮기는 것은 굉장히 힘든 일이었을 것이다. 가족은 아이에게 우주와 같이 전부라고 하는데, 종민이는 그 많은 어려움들을 어린 나이에 견뎌내느라 얼마나 힘들었을까. 그 마음을 알면서도 너의 아픔을 감싸기에는 엄마도 너무 힘들어서 견딜 수가 없었어. 미안해. 종민아.

🌱 잘 할 수 있어요.

오늘은 종민이가 ADHD약을 복용하고 처음으로 학교에 가는 날이다. 아이는 약을 덥석 삼키고 엘리베이터 안에서 인사하며 웃는다. 그리고 저녁 7시 15분이 되어서 집으로 돌아왔다. 종민이는 축구 교실을 다녀와 집에 늦게 도착하여 힘들 텐데도 힘든 내색 없이 배고프다고도 하지 않는다. 종민이는 가방을 내려놓고 선생님께 칭찬으로 받은 젤리를 꺼내 형아에게 건네었다.

"엄마, 나 선생님이 잘했다고 젤리 주셨어!"
"어머, 우리 아들 학교에서 잘 지냈구나~"
아이는 주방에 있는 내 옆으로 와서 조잘조잘 얘기하기 시작했다.
"선생님이 잘했다고 해서 (내가) 멘토스도 받았어. 그리고 과자도 받아서 다른 형에게 주었어. 오늘 축구에서 공 한개를 넣었다! 그리고 다른 형도 넣어서 2대 1로 우리가 이겼어!"
"어머, 종민이가 공을 넣었구나. 대단한데!"

종민이는 오늘 경험했던 시간들이 굉장히 뿌듯하게 느껴졌던 모양이다. 가족들이 모두 식사하고 난 후 내가 식탁에 앉아 식사를 할 때였다. 종민이는 오늘 일을 또 다시 설명한다.
"오늘 선생님 말씀을 잘 들어서 선생님이 엄지 척을 두 번이나 하셨어."
"종민아, 수업 시간에 선생님 말씀을 잘 들었니?"
종민이는 두 손을 무릎에 나란히 올려놓고 바른 자세를 취한다.
"오늘 내가 학교에서 이렇게 앉아서 선생님을 봤어."
종민이는 가방에서 알림장을 꺼내어 내게 가져왔다.
"엄마, 오늘 보상 뭐 해줄 거야. 엄마가 나한테 보상해 준다고 했지?"

알림장에는 종민이가 지켜야 하는 규칙과 규칙을 잘 지키면 엄마가 해줄 수 있는 보상이 적혀 있었다. 규칙은 점심시간에 삐딱하게 앉지 말기. 수업 시간에 선생님 말씀 잘 듣기. 양말에 구멍 내지 않기. 교실에서 뛰어다니지 않기와 보상은 엄마와 함께 자기. 자전거 타기 등이다.

"첫 번째는 좀 잘 못 지켰지만 나머지는 다 지켰어."
나는 아이가 보상을 꿈꾸며 집으로 귀가했을 즐거움을 채워주고 싶었다.
"그래, 엄마와 같이 자기로 하자. 자전거 타기는 오늘 너무 늦었으니까 어려울 거 같아."

아이는 아쉽지만 어쩔 수 없다는 표정으로 엄마의 제안을 받아들였다.

"오늘은 내 방에서 같이 자는 거예요."

"그래~"

종민이는 신이 났다.

"오늘도 내가 저번처럼 바닥에 이불 깔아 줄게요."

"그래~"

종민이는 아이들 방바닥에 매트와 이불을 깔았다. 그리고 이불이 하나 모자란다고 혼자 고민을 하더니 자신도 바닥에 누워 나를 부른다.

"엄마, 자자요."

"엄마는 집안일을 해야 돼. 먼저 자거라."

나는 이런 저런 집안 일을 하고 난 후 아이 옆에 누웠다. 이층 침대에서 잠을 자던 희재는 어느 새 잠이 깨어 침대에서 내려와 바닥에서 자고 있는 내 옆 자리를 비집고 눕는다.

희재는 종민이가 가족이 되기 전까지 늘 엄마 아빠랑 같은 침대에서 잤다. 아이는 누군가의 팔과 다리 등이 자신의 몸에 닿아야 잠을 자는 아이였다. 그래서 내가 귀찮아 몸을 돌리면 어느

새 내 옆으로 와 나를 밀어내듯이 바싹 기대어 자는 버릇이 있다. 그런 희재에게 가장 큰 위기는 종민이의 출현으로 부모와 잠자리가 분리된 일일 것이다. 그래도 12살이고 동생도 있으니 많이 투덜대거나 표현하지 않는다. 오늘처럼 내가 종민이와 매트 위에 눕게 되는 날이면 자다 가도 어김없이 내려와 내 옆에 누워 내게 발이나 팔을 대고 잔다. 그래서 결국 우리는 또 좁은 공간에 희재, 나, 종민이가 누워 선잠을 잘 잤다.

다음 날 아침에도 종민이는 기분이 좋아 보였다. 노래 멜로디도 흥얼거린다.
"나 오늘도 잘할 거예요."
"그럼, 종민이는 한다면 하는 아이라니까~"
종민이는 엘리베이터 안에서 인사를 한다.
"엄마, 오늘도 행복하세요~"
"그래, 종민이도 즐거운 하루 보내."
나는 손 인사를 하고 먼저 현관문을 닫았다.

친구가 좋아요.

한 달 전부터 약속했던 종민이의 친구인 승우를 초대하는 날이다. 지난 번 종민이 생일에 초대하고 싶었으나 계획이 잘 이루어지지 않았다. 몇 번의 시도 끝에 종민이는 콜렉트콜로 내게 전화하여 승우 엄마 전화번호를 알려주었다.
"엄마."
"응, 종민아."
"오늘 승우를 초대하는 날이에요. 내 방을 제일 깨끗이 청소해 주세요."
몇 분이 지나자 다시 전화가 왔다.
"엄마, 승우가 치킨을 좋아 한대요. 뿌링클 치킨을 주문해 주세요."
다시 몇 분이 지나지 않아 벨이 울렸다.
"엄마, 이따가 집에 가면 7천원을 줄 수 있어요?"
"7천원은 왜?"
"승우가 칼을 갖고 싶대요. 칼을 사주고 싶어요."
"종민아, 칼이라니. 그건 안돼요."

종민이에게 7천원은 큰 돈이다. 마음이 들뜬 종민이는 친구 승우의 어떤 요구도 다 들어줄 것 같았다. 나는 종민이의 요구대로 피자집에 들러 피자와 치킨, 콜라를 주문했고 통닭 집에서 통닭 한 마리도 주문했다. 마트에 들러 베이컨과 스파게티면, 푸딩도 사서 집에 돌아왔다. 승우 할머니는 전화로 종민이와 승우가 아파트 놀이터에서 놀고 있다고 전해 주셨다. 놀이터에서 아이들을 만나서 함께 집으로 돌아왔다.

나는 간단한 간식을 차리고 종민이와 승우, 희재를 불러 식탁에 둘러앉았다. 승우가 치킨을 신나게 먹고 있는 동안에 종민이는 피자도 치킨도 먹지 않고 승우만 바라보고 있다. 종민이는 승우를 졸졸 따라다니며 승우에게 자신의 방을 보여 준다.
"우리 이층 침대에서 놀래?"

승우도 신이 난 듯 집안을 돌아다닌다. 종민이는 자기 장난감도 보여주고 움직이는 승우를 따라 움직인다. 내가 잠깐 전화 통화로 건넌방으로 자리를 옮기니 종민이는 내게 다가와 문구점에 다녀오겠다고 한다. 낮에 내게 돈을 빌려달라고 했던 통화가 생각났다.
"종민아, 안돼. 기다려."

통화가 끝나고 나와 보니 종민이와 승우는 이미 사라졌다. 희재는 피자를 먹으며 만화책을 보고 있다.
"종민이가 자기 저금통을 털어서 나갔어요."
종민이가 경제관념을 배우기 위해 시도한 것이 저금통이었다. 저금을 잘 하기에 내가 보상으로 돈을 자주 주어 종민이가 저금하는 재미를 알고 있던 터였다. 뭔가 노력이 허사가 된 것 같았다. 물론 그 돈은 종민이가 자신의 용돈을 모은 것이기에 쓰는 것도 종민이의 자유였다. 그럼에도 불구하고 나는 종민이에게 기다리라고 한 터였다.

한참을 기다려도 아이들은 집으로 돌아오지 않았다. 오후 6시 30분이 되어 퇴근한 승우 엄마에게 전화가 왔다. 나는 희재와 함께 근처 놀이터에서 아이들를 찾았으나, 아이들은 초등학교 운동장에서 놀고 있었다. 종민이와 승우의 손에는 장난감 칼이 들려 있었다. 칼은 구리 색이 입혀진 철로 만들어진 장난감 칼이었지만 얇고 작고 날카로웠다. 플라스틱 장난감 칼도 아닌 철로 된 칼이라서 너무 위험해 보였다. 나는 종민이에게서 칼을 받았다. 그리고 승우에겐 오늘 놀러 와줘서 고맙다고 인사하고 종민이 손을 꽉 잡고 집으로 귀가했다.

종민이는 걷는 동안에도 온통 승우 생각 뿐이었다.

"승우와 헤어져서 너무 슬퍼요. 승우랑 더 놀고 싶어요. 승우랑 헤어져서 울 것 같아요."
"종민아, 승우는 내일도 학교에서 만날 수 있잖아. 슬퍼하지 마."

집에 돌아와 종민이를 의자에 앉히고 오늘 있었던 일에 대해 이야기했다.
"종민아, 칼은 위험한 거야."
나는 종민이가 산 칼끝으로 종민이의 손등을 살짝 찔렀다. 종민이는 얼굴을 찡그린다. 나는 칼등으로 종민이의 팔에 긋는 시늉을 했다. 종민이는 아프다며 이내 울먹거린다.
"그래, 이 칼로 사람을 치면 칼이 다칠까 사람이 다칠까."
"사람."
"이 칼은 철로 만들어져서 사람을 다치게 할 수 있어. 위험한 거야. 이렇게 위험한 칼을 제일 친한 친구인 승우에게 선물하면 될까."
"승우가 사달라고 한 거예요. 그래서 사 주고 싶었어요."
"사달라고 해도 위험하다고 안 된다고 했어야지."
"위험한지 몰랐어요."

종민이는 장난감 칼이 4천원이라고 했다. 저금통에서 4천원을 꺼내어 승우에게 칼을 사준 것이다. 자신은 거리에서 만난 승우 할머니에게 받은 4천원으로 칼을 샀다고 했다.
"이 칼은 버릴 거야. 위험한 칼은 줄 수 없어."
종민이는 입을 씰룩거리고 눈이 벌게지더니 울음소리를 낸다.
"내일 승우를 만나면 그 칼은 위험하다고 말해줘야 해."

"두 번째의 잘못은 엄마가 아까 종민이에게 기다리라고 했지. 그 말을 지키지 못했어."
"승우에게 너무 칼을 사주고 싶은 마음에 참을 수가 없었어요."
"그래도 엄마가 기다리라고 했고 칼을 사는 건 안 된다고 말했으니 기다렸어야 해. 승우 엄마는 내게 승우를 맡겼으니 엄마는 승우를 책임지고 안전하게 해야 하는 거잖아. 만약에 너희가 다치면 엄마 잘못인 거야."

"세 번째 잘못은 오랫동안 모은 큰돈을 쉽게 썼다는 거야. 그 돈을 모을 때에는 종민이가 꼭 사고 싶은 것에 쓰려고 했을 텐데, 친구가 사달라고 덥석 저금통을 털어서 칼을 사주는 것은 바람직하지 않아. 종민이에겐 한 달 용돈이잖아."
종민이는 울먹거린다.
"종민이는 일주일 용돈이 천 원이니까 친구에게 뭘 사주고 싶다면 500원짜리 아이스크림은 사줄 수 있어. 그 이상은 안 돼."

"알겠어요."
"오늘은 세 가지 잘못을 했으니 벌을 받아야 해. 어떤 벌을 받을래. 종민이가 한 달 용돈인 4천 원을 썼으니까. 한 달 용돈을 못 받는 걸로 할래. 두 달 용돈을 못 받는 걸로 할래."
"한 달 용돈이요."
"그래."

나는 이왕 훈육을 하는 김에 좀 더 해보고자 했다.
"그래, 반성문도 쓰자."
종민이는 '으아앙' 하며 울기 시작한다. 나는 A4용지를 가져다 종민이 앞에 놓고 설명하였다.
"반성문 안 써봤지. 일단 종이 위에 반성문이라고 쓰세요."
종민이는 울음을 멈추고 눈을 껌벅거리며 반성문이라고 쓴다.
"쓸 말이 없어요."
"오늘 왜 혼났는지를 쓰세요."
종민이는 칼을 사고 친구랑 나랑 허락 없이 나갔다. 앞으로는 엄마 말씀 잘 듣겠습니다. 라고 삐뚤삐뚤 써나간다. 오늘 날짜를 쓰고 나종민이라고 이름도 썼다. 그리고 반성문은 종민이 책상 옆에 붙여두었다.

종민이와 늦은 저녁 식사를 한 후 주방에서 설거지를 하는데 종민이가 옆으로 오더니 꾸벅 인사를 한다.
"엄마, 오늘 고맙습니다."
"왜?"
"오늘 승우 오는데 내 방 청소도 해주시고 치킨도 사주셔서 고맙습니다."
"종민아, 엄마는 종민이 엄마잖아. 우리 아들을 위해 당연한 일을 한 거야."

나는 종민이를 들어서 잠시 안아 주었다. 종민이는 거실로 가서 한참 놀이를 하더니 다시 주방으로 와서 느닷없이 두 손을 허리에 대고 씩씩하게 묻는다.
"난 엄마 아들이니까, 난 엄마를 위해 뭘 도와줄까요."
"종민아, 숙제 해야지. 숙제부터 해라."
"네에."
종민이는 내 옆으로 와서 동화책을 소리 내어 읽기 시작하였다.

그날 오후엔 종민이보다 먼저 귀가한 희재가 집으로 돌아오자마자 말문을 열었다.
"나 친구랑 싸웠어."
나는 속으로 드디어 싸웠구나! 고 안심했다. 5학년에 새로운 학교로 전학한 희재는 학교에 적응하느라 힘들어 했지만 잘

내색하지 않았다. 가끔 친구랑 놀았고 축구했고 시비가 있었던 얘기나 혼자 놀이 시간에 참여하지 않았다는 말들을 간단하게 전해 줄 뿐이었다.

요지는 이랬다. 희재는 반에서 제일 큰 아이인 대준이의 물건을 들고 흔들며 아이를 약 올렸다. 대준이가 1초 만에 달라고 하자 희재는 마음이 상해서 다투게 되었고 대준이는 희재의 가방을 손으로 꽉 쥐었다. 그러자 화가 난 희재가 대준이를 때렸다. 결국 둘은 선생님에게 불려 가서 혼이 나고 서로 사과했다. 희재는 선생님께서 종례 시간에 가만히 있는 친구를 건드리지 말라고 하였다며 자신을 합리화하였다. 나는 희재의 말에 동의할 수 없었다.

"희재야, 네가 먼저 대준이 물건을 들고 장난쳤다며"
"대준이도 처음엔 장난했어요. 그런데 1초 만에 달라면 어떻게 1초 만에 주냐고요."
"어쨌든 원인 제공은 너잖아. 그리고 결과도 네가 때렸다며. 그럼 대준이는 억울하잖아."
"아니라고요."

뭐가 아닌 건지는 잘 모르겠지만, 희재는 씩씩거리며 같은 상황을 반복적으로 말한다.

"엄만 아무것도 모르면서."

결국 난 아무것도 모르는 사람이 되었다.

"희재야, 엄마가 널 혼내려는 게 아니라 상황이 그렇다는 거야."

"대준이랑은 적이 되었어요."

"친구랑 적을 만들면 안돼. 그리고 네가 때렸는데 네가 적으로 만들면 안 되지. 내일 다시 사과해."

희재는 씩씩거리며 이층 침대 올라가 앉아 울먹거리며 중얼거린다.

"그 동안 대준이가 나를 전학생이라고 놀리고 내 연필도 없어지고 지우개도 없어졌는데 그건 엄마한테 일부러 말을 안 한 거라고요. 애들이 나만 전학생이라고 왕따 시키고 대준이 편만 들어요."

그래서 오늘은 애들한테 애써 엄포를 놓았단다.

"너희는 인천 애들 만나면 아무것도 아니야."

지난 번 상담에서 담임 선생님 말씀으로는 희재가 학교에서 친구들과 무난하게 지낸다고 말씀하셨지만, 희재는 친구들과의 관계를 힘들어하고 있었다.

며칠 전 놀이터에서 희재와 그네를 탔을 때였다.

"엄마, 6학년에 올라갔는데 5학년 지금 친구들이 하나도 같은 반이 안 되면 어떡하지."
"그럴 리는 절대 없어. 걱정하지 마. 선생님들이 반 배정을 알아서 다 조율하실 거야."
초등학교 입학 이후, 친한 친구 없이 혼자 놀아야 했던 희재에게 한 마디 해주고 싶었다.

"희재야, 친구는 꼭 친한 친구가 있어도 좋지만, 없어도 괜찮아. 학교에서 반 친구들은 모두 다 친구인 거야. 그리고 친구라는 개념이 꼭 반 친구만 있는 건 아니야. 일론 머스크도 학교 다닐 땐 왕따 였대. 손기정도 친구랑 놀지 않고 매일 매일 책만 읽었대."
뜬금없이 머스크와 손기정을 언급했지만, 희재는 자신이 책에서 읽은 손기정의 일대기를 늘어놓는다.
"그래, 맞아."
"어쩌면 희재는 손기정과 머스크 같은 사람일 수도 있어. 그러니 생각을 넓게 가지고 친구의 범위를 넓게 생각하면 좋을 거 같아."
희재는 마음이 좀 풀린 듯 내 손을 잡고 집으로 향했다.

종민이와 희재는 N극과 S극 같다. 너무나 다른 두 아이는 그러나 같은 ADHD를 앓고 있다. 물론 ADHD도 기질마다 조금씩 다르다. 사람의 기질을 몇 가지 분류로 나눌 수 없으니까. 종민이는 자신이 좋아하는 사람에게 유독 집착하고 물건에 소유욕을 강하게 보이는 것처럼 희재는 자신의 마음을 쉽게 열지 않고 먼저 관망하며 방어적 태도를 취한다. 말투도 고어체로 자신의 마음을 비유적으로 표현한다. 희재에게 사람 관계는 매우 조심스러워 보인다. 희재의 관찰적 태도는 자신이 상처를 덜 받으며 다가가야 할 사람을 잘 선택하리라 믿어본다. 그런 면에서 종민이는 사람에 대한 감정이 솔직하고 직선적이라 너무 쉽게 감정을 드러내지만 다치기도 쉽다. 다음날 아침부터 희재는 대준이 얘기를 꺼낸다. 밤새 걱정이 들었나 보다. 나는 너무 걱정하지 말라고 말해 주는 게 전부였다.
"이제부터 네가 겪어야 하는 거야. 잘 겪어내기 바래."

희재의 걱정

오늘은 희재를 데리고 이지선 소아 정신과의원에 가는 날이다. 희재는 1학년에 ADHD약을 복용한 후 상태가 호전되어 2학년 중반에 약을 끊었다. 요즘 들어 희재가 걱정과 불안이 많아져서 상담차 병원에 들렀다. 원장은 희재를 다정하게 맞아 주신다.

"희재는 어떤 일로 왔을까."
희재는 평소대로 까칠하게 모든 다 알고 있다는 듯이 말을 툭툭 내뱉는다.
"제가 1학년 때 약을 1.5년 복용했는데 효과가 2년 간대요. 효과가 끝나서 엄마가 다시 약 먹어야 된대요."
나는 옆에 소파에 앉아서 핸드폰을 보는 척하며 귀를 쫑긋 세웠다.

"희재는 요즘 학교생활이 어떠니."
"그냥 그래요."
"요즘 잘 때 무서운 기분이 드니."
"아니요."

"가족 중에 누가 제일 편하니."

"엄마요."

"엄마는 왜."

"엄마는 혼날 때 저를 감싸 주기도 해요."

"아빠는 어떠니."

"아빠는 평소엔 괜찮은데, 혼날 때는 무서워요."

"동생은 어떠니."

"동생이요, 나빠요."

"왜."

"동생은 항상 자기가 제일 잘났다고 해요. 자기만 옳고 자기만 귀엽고 자기만 귀여움을 받으려고 해요."

희재가 잠시 나가있는 동안 원장은 작년에 받은 희재의 종합 심리 검사 자료를 살펴보았다. 나는 희재가 평소에 친구 사귀기를 어려워한다거나 그네를 오랜 시간 탄다거나 놀이터에 아이들이 있으면 그냥 집으로 돌아오는 상황들을 설명하였다. 그리고 학교에서는 공부도 잘 하고 무탈하게 지낸다고 말씀드렸다. 원장은 아이가 불안감이 높아서 내적 긴장감을 표출하지 못하기 때문에 혼자 방안을 빙글빙글 돌면서 자신을 안정시키려는 것 같다고 말한다. 나는 꼭 약 처방을 원하는 것이 아니라, 현재 아이가 ADHD 상황에서 호전된 것인지 알고 싶어 방문했음을 말씀드렸다. 원장은 불안감이 높으니 트라린정을 최소량만 처방하고 상황을 보자고 하였다.

희재와 귀가 길에 신전 떡볶이에서 중간 매운맛 떡볶이를 주문해서 맛있게 먹었다. 그 사이에 종민이 담임 선생님께 전화가 왔다. 종민이가 많이 나아지긴 했으나 수업 시간에 이탈된 행동이 계속 되고 있고, 오늘 야외 숲 체험에서도 혼자 이탈 행동을 하며 규칙을 어기면서 자기가 원하는 대로 움직였다고 한다. 내일 종민이와 병원에 내원해서 담임 선생님의 의견을 전달해야겠다.

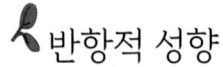# 반항적 성향

오늘은 일요일이어서 종민이에게 약을 먹이지 않았다. 약을 복용하는 동안 나는 한 번도 종민이를 혼낸 적이 없다. 그 동안 약을 복용했었으니 종민이도 조금 달라졌을 거라는 생각에 종민이의 하루를 살펴보기로 했다.

종민이는 평소와 다름없이 잘 지냈다. 집안 청소도 거들고 아파트 놀이터에서 친구를 만나 놀았다. 오후에는 종민이와 희재가 서로 이야기 나누며 산책하는 모습에 우리 부부는 마음이 흡족했다. 그러나 결국 우려했던 문제가 나타났다.

가랑비가 내려서 우리는 각자 우산을 한 개씩 들었다. 산책을 하던 중에 종민이는 발이 간지럽다며 내게 자신의 우산을 들고 있어달라고 해서 받아들였다. 종민이는 발목을 긁는 듯 하더니 앞으로 쑥 걸어간다. 나는 종민이를 불러 세웠다. 종민이는 못 들은 체 걸어가다가 내가 단호하게 부르자 멈춰서 나를 뒤돌아본다. 내가 우산을 가져가라고 하자, 종민이는 씩씩거리며 내게 걸어와 내 손에 들려있는 우산을 홱 낚아채려 한다.

"지금 뭐 하는 행동이야!"

종민이는 나를 노려본다. 나를 노려 보더니 우산을 잡아챈다. 나는 갑자기 화가 올랐다. 자기가 우산을 맡겼으면 공손하게 가져가야지. 종민이는 미안해하거나 전혀 부끄러워하지 않는다. 아이는 내가 단호하게 말해서 화가 난 걸까. 가끔 종민이의 반항적 태도는 나를 당황하게 만든다. 종민이는 자기가 맡긴 우산을 꽉 쥐고 나를 쳐다보더니 획 돌아서 가버린다. 종민이가 ADHD진단을 받고 나서 부터 나는 종민이의 여러 돌발적 상황들에 마음을 준비했었다. 그래서 더 이상 사건을 키우지 않기로 하고 잠시 마음을 가다듬었다. 종민이는 언제 무슨 일이 있었냐는 듯이 내게 와서 몸을 비비며 손을 잡고 걷는다.

저녁 식사를 마치니 8시가 넘었다. 아이들에게 내일 학교 갈 준비를 해놓으라고 당부했다. 희재는 벌써 준비가 끝났다고 당당하게 말한다. 종민이는 포켓몬 카드를 만지작거린다.
"아, 나 숙제 안 했는데"
"종민아, 잘 시간이 됐으니 그만 놀고 책을 읽어야 해."
"하기 싫은데"
"종민아, 이제 카드 내려놓고 책을 읽어야지."
종민이는 카드를 만지작거리며 듣는 둥 마든 둥 하다가 특유하게 다른 사람의 말을 무시하는 태도를 보인다.
"세 번까지 말을 안 들으면 엄마가 혼낼 거야."
종민이는 딴 짓을 한다.

"종민아! 엄마한테 혼난다고 했지."
종민이는 상황을 파악한 듯 얼굴이 얼어버리고 주춤거리다 울음을 터트리고 말았다. 그러더니 나를 노려본다.
"하지 말라고."
종민이는 소리치며 나를 노려보고 있었다. 그러다가 이내 다시 울음을 터트린다. 나는 종민이를 감싸 안았다.
"종민아, 지금은 숙제해야 하는 시간이야. 이제 카드는 그만하자."
종민이는 바닥에 놓인 카드를 붙잡는다.
"한 번만 더 해보고"
카드를 뒤집어 섞는다.

나는 더 이상 안 되겠어서 종민이의 얼굴을 두 손으로 부여잡았다.
"종민아, 엄마가 얘기하면 들어야 하는 거야. 종민아, 자신이 하고 싶은 일이 있어도 하지 말라고 하면 참아야 하는 거야. 종민아, 엄마를 봐."

나는 종민이의 얼굴을 붙잡고 종민이를 똑바로 쳐다봤다. 종민이는 나를 보는 듯 하더니 갑자기 내 코앞까지 자신의 얼굴을 화악 들이댄다. 그리고는 히죽거리며 나를 뚜렷하게 바라보고 웃는다. 그러더니 갑자기 내 눈을 피하려 눈동자를 굴려 옆을 바라보기 시작한다. 나는 도저히 안 되겠어서 종민이를 잡고 흔들었다.

"정신 차려! 종민아."

종민이는 울음을 터트린다.

나는 종민이를 힘껏 안았다.

"종민아, 제발 엄마 말 좀 들어. 종민이가 어떻게 했는지 엄마가 보여 줄게."

나는 두 눈동자를 이리 저리 정신없이 굴려 보였다.

"종민이가 이러고 있어서 엄마가 놀랬던 거야."

종민이는 이제 좀 진정이 됐는지 내게 안겨 고개를 묻었다. 나는 종민이의 등을 쓸어주었다.

"종민아, 종민이 아침마다 약 먹지? 그 약은 종민이가 참는 것과 기다리는 것을 도와주는 약이야."

"도와주는 약?"

"그래, 카드 내려놓으라고 했을 때 종민이는 계속 만지고 싶지?"
"응."
"만지고 싶어도 하지 말라고 하면 참아야 하는 거야. 참을 수 있게 도와주는 약이야."
"오늘은 약을 안 먹었지?"
"응."
"엄마가 일부러 안 먹였어. 종민이가 스스로도 노력할 수 있게 하려고. 그러니까 종민이는 약을 안 먹어도 참는 걸 연습해야 하는 거야."
"응."
"학교에 가서도 선생님이 하지 말라고 하면 참아야 하는 거야. 하고 싶어도 참아야 해. 참는 연습을 하는 거야."

나는 거실에 주저앉아 한 참 종민이의 등을 쓸어주었다. 한 참을 안아주고 나니 종민이는 진정이 되었는지 일어났다.
"오늘은 힘드니까 한 권만 읽고 자야지."
"그래."
종민이는 책장에서 책을 꺼내 들고 슬그머니 안방 바닥에 누워 책을 본다.
"종민아, 엄마 옆에서 읽어야지."

종민이는 일어나 책을 들고 주방에 앉아 책을 읽는다. 나는 설거지하며 종민이의 책 읽는 소리를 듣는다. 어느새 조용해진다. 종민이는 책을 읽다가 누워 잠이 들어버렸다. 안방을 정리하고 나오니 어느 새 종민이는 깨어나서 울고 있었다. 나는 종민이를 달래서 방에 눕히고 옆에 누웠다. 오늘은 종민이와 같이 잘 것이다. 그리고 아침에 종민이가 깰 때 엄마가 옆에서 자고 있었다는 것을 확인할 때까지 종민이 옆에 누워있을 것이다.

다음 날 아침, 종민이는 자다가 깨어 눈을 뜨고 내 눈과 마주치더니 팔을 뻗어 내게 기댔다. 그리고 입으로 크게 숨을 내쉬더니 내게 불어대며 장난친다. 그리고 엎드려 자는 내 위로 올라와 기대며 뒹굴거린다. 다행이다. 10분을 기다려 준 뒤 나는 일어나 아침 식사를 준비했다. 종민이는 내게 학교까지 같이 가자고 한다. 그래서 종민이 손을 잡고 걸으며 OX 퀴즈를 했다. 아이를 혼내고 난 후에는 혼냈던 시간보다 더 많이 안아주고 위로해 줘야 한다. 아이에게 자칫 상처로 남지 않기를 바라며 한참을 종민이를 안아주고 말을 들어주었다. 오늘은 학교에서 규칙을 잘 지키고 스스로도 원하지 않는 충동적 행동을 잘 참아내기를 바라면서.

『산만한 우리 아이 어떻게 가르칠까.』[1]라는 책에서는 ADHD의 몇 가지 특징 중에 적대적-반항적 성향이 있다고 말한다. 유독 종민이에게는 산만함보다는 적대적-반항적 성향이 드러난다. 모두 지시를 따르는 것에 대한 반항이다. 인간이라면 자율적으로 행동하는 것을 좋아한다. 그러나 사회에서는 따라야 할 규칙들이 있다. 원하지 않는 규칙이라도 참고 따라야 하는 것이 사회적 행동이다. 종민이가 겪는 많은 문제들이 규칙을 따르지 않는 이탈된 행동과 그 행동으로 야기되는 적대적이고 반항적 성향 같다. 반항하고 공격하는 성향은 기질적인 특성일 수도 있다. 그러나 개인은 자신의 행동으로 사회 속에서 갈등이 지속될 때 반항적 태도는 더욱 강화될 수밖에 없어 보인다. 앞으로도 오랜 훈련이 필요할 것 같다.

---

1 산만한 우리 아이 어떻게 가르칠까, 조수철, 김붕년 외 4명, 샘터(샘터사), 2013.

# 캠 핑

가정의 달을 맞이하여 가까운 캠핑장으로 향했다. 종민이와 가족이 되고 처음으로 함께한 1박 2일 캠핑이었다. 우리는 내장산에 있는 캠핑장을 예약했다. 내장산 캠핑장은 시냇물이 흐르는 조용한 곳으로, 여름방학이어서인지 많은 가족들이 모여 있었다. 우리는 화장실을 자주 이용하는 아빠를 위해 화장실과 가까운 사이트에 텐트를 쳤다. 희재와 종민이는 놀이 거리를 찾지 못하다가 화장실 옆 인도에서 작은 돌들을 깨며 시간을 보냈다.

우리 집의 텐트는 요즘 유행하는 커다란 텐트가 아니다. 10년 전에 세계 여행을 한다고 가지고 있던 낡은 2인용 텐트와 원터치 텐트 두 개가 있다. 두 텐트를 이어서 설치하니 꽤 넓은 공간이 확보되었다. 잠자리를 정할 때, 엄마는 종민이와 함께 자고, 아빠는 희재와 함께 자기로 결정했다. 해가 서서히 지면서 바람이 쌀쌀해졌다.

"얘들아, 각 자 자리에 가서 자렴."

남편과 내가 음식과 그릇을 정리하는데 어디선가 쿵쿵 소리가 들렸다. 희재의 깔깔대는 목소리가 캠핑장을 울렸다. 희재와 종민이는 각자의 텐트 속에 들어가 무장하고 상대방의 텐트를 밀어붙였다. 희재가 소리를 지르고 텐트에서 일어나 힘차게 밀자 종민이의 텐트는 무너지는 듯한데, 종민이는 기세 좋게 일어나 희재의 텐트 위로 올라가 버렸다. 마치 두 개의 모래 주머니가 엉켜있는 것처럼 보였다.
"허허."
지나가던 젊은 부부들은 아이들이 노는 장면을 보며 웃는다. 나도 그저 웃을 수밖에 없었다. 한 참을 지나고도 그 놀이는 계속 되었고 밤이 깊어 지면서 겨우 아이들을 진정시키고 어지러운 텐트를 정리했다. 나는 희재와 자고 아빠는 몸부림치는 종민이를 안고 잠을 청했다.

올 해 나의 다짐

입을 닫기. 웃기만 하기. 싸움을 중재하려고 하지 말기. 참견하고 싶다면 자리를 피하기. 병원에 가기. 작정하고 사랑한다고 외치기. 혼낸 시간의 열 배만큼 안아주기. 마음을 내려놓기. 부모는 자식을 노력의 성적표로 여기지 말기. 미래의 역할 놀이 하기. 잘해주고 잔소리하지 말기. 아이의 말을 들어주기. 해야 하는 일과 하고 싶은 일을 알게 하기. 먹으라고 애원하지 말고 음식이 아이 입에 맞는지부터 생각하기. 가족 회의하기. 소속감을 갖게 하기. 퇴행하는 아이의 말투를 따라 하기. 아이의 기질을 파악하기. 타고난 기질을 고치려고 할수록 커지는 건 집안 싸움 뿐.

대가족의 여행

 종민이는 작년 겨울 크리스마스 이브에 처음으로 가족이 되었지만 대가족이 모여 환영 파티를 해 준 적이 없었다. 그래서 이번 할머니와 7남매의 여행은 종민이가 함께 여서 더욱 뜻깊었다. 한 번도 종민이를 만난 적이 없던 이모들은 종민이를 반갑게 맞아주었다. 그 간의 고충을 들은 형제들은 종민이를 신기하게 바라보았다. 가족들은 해맑고 개구쟁이인 종민이를 보며 웃음이 가시지 않았다. 종민이는 낯가림 없이 이모 손, 삼촌 손, 할머니 손을 번갈아 잡고 씩씩하게 산책을 다닌다.

"종민이는 그냥 전형적인 8살 아이 같아."
"언니, 더 한 아이들도 많아. 종민이는 그냥 평범한 거야. 너무 ADHD라고 과민하게 생각하는 것 같아."
"언니, 요즘 애들은 학급의 반 이상이 ADHD래."

오랜 만에 만난 나의 형제들은 종민이가 즐겁고 무탈하게 잘 노는 모습을 보며 한마디씩 거든다. 종민이는 다른 또래들에 비해 조금은 거칠고 체력이 좋아서 행동이 크게 두드러지는 것이 아니었을까. 그렇지만 학교라는 작은 사회에서는 지켜야 하는 규칙들이 있고 잘 따를 수 있어야 한다. 우리는 사회 속에서 함께 살아가기 때문이다. 종민이는 이모들의 이름을 한 명씩 묻고 기억하려 애쓴다. 한 명, 한 명의 이모의 모습과 이름을 떠올려본다. 조금 오래 걸리지만, 스스로 차근차근 생각하려 애쓰는 모습이 종민이의 장점이기도 하다. 그리고는 뜬금없이 예쁜 말들을 꺼내놓는다.
"행복하세요, 고맙습니다."

"종민아, 엄마 아빠와 희재형이랑 종민이는 직계 가족이라고 해. 그리고 여기 모인 사람들은 엄마의 언니나 동생 그리고 할머니가 모인 거야. 그래서 이렇게 모이면 대가족이라고 불러. 할머니를 포함한 가족들이 대가족이야."
종민이는 잘 이해하지 못했지만 나름대로 다시 곱씹어볼 것이라 여겨진다. 자신도 이제 대가족의 일원이라는 것을.

저녁 늦게 해운대 바닷가를 산책하며 졸음이 오는 종민이를 위해 할머니가 선뜻 등을 내주셨다. 종민이는 부끄러워했지만 순순히 업혔다. 이어서 막내 삼촌이 가볍게 종민이를 업고 한참 바닷가를 걸었다. 그리고 마지막으로 나도 종민이를 업어 주었다.

숙소에 도착한 종민이는 침대에 누워 혼잣말을 한다.
"하느님도 날 귀엽다고 하실까."
"그럼, 하느님은 종민이를 엄청 귀여워하시지."
종민이는 바로 숨을 고르며 잠이 든다.

다음 날에도 이모들의 열정적인 사랑 덕분인지 종민이는 하루 종일 싱글벙글하며 지냈다. 넷째 이모가 거실 소파에 앉아있는 종민이에게 말을 건넨다.
"종민이는 나중에 크면 누구랑 살 거야?"
"혼자 살 거예요."
"엄마랑 안 살 거야?"
"혼자 살 거예요."
이모들은 모두 신기한 듯이 웃는다.

여행이 끝나고 집에 돌아오는 차 안에서 종민이는 뜬금없이 내게 미안하다고 말한다. 자신이 혼자 살 거라고 말해서 미안하다는 것이다. 내게 장난한 거라고 말한다.
"괜찮아, 종민아. 그렇게 생각할 수도 있지."
"장난한 거예요. 난 엄마랑 같이 살 거야."
종민이가 그 상황을 마음에 담아 둔 것이 놀라웠다. 예민하게 받을 이야기가 아닌데 왜 그랬을까.

저녁 늦게 집에 도착해서도 종민이는 시종일관 밝았다. 새로운 대가족과의 만남에서 종민이는 무슨 생각을 했던 것일까. 종민이를 더 크게 응원하는 사람들이 많이 있다는 것을 종민이는 느꼈을까.

친구와 싸웠어요.

오후 5시경, 종민이의 담임 선생님으로부터 전화가 왔다. 종민이가 친구와 싸웠다는 내용이었다. 사건의 발단은 등교하는 도중 날씨가 더워져 아이들이 땀을 흘리면서, 누가 땀을 더 많이 흘렸느냐고 시비가 붙었다.

재혁이는 종민이가 땀이 안 났다며 자신의 손으로 종민이 머리카락을 흔들었다고 한다. 그래서 종민이가 먼저 싸우자고 제안을 했다는 것이다. 재혁이는 덤비라고 했고 종민이는 영민이와 편을 먹고 재혁이와 싸우기로 했다. 종민이는 영민이에게 말했다.
"네가 먼저 싸워!"
종민이는 싸우자고 말했을 뿐이고 때리라고는 하지 않았는데, 영민이가 재혁이를 주먹으로 친 후 발로 찼고 재혁이는 두 팔을 들어 엑스자로 자신의 얼굴을 방어했다.

"그래? 그럼 넌 뭐하고 있었니?"
"난 싸우라고 하고 책보고 있었어요."

"엥?"

담임 선생님께서는 종민이가 직접적으로 싸우지 않았으나, 싸움을 시켰기 때문에 지도가 필요하다고 하셨다.

"종민아, 친구에게 나쁜 행동을 하라고 시키면 좋은 친구니 나쁜 친구니."

"나쁜 친구요."

"그래, 친구에게 나쁜 행동을 시키면 안돼요. 그리고 강한 체력은 어떨 때 사용하라고 했지?"

"어려운 친구를 도와 줄때요."

"그래, 그러자."

1학년인 종민이는 담임 선생님께서 전화를 주셨지만, 5학년 담임 선생님은 희재가 싸운다고 하여 전화를 주시지 않는다. 희재는 집에 오자마자 나를 보더니 무뚝뚝하게 말한다.

"나 오늘 친구랑 싸웠어요."

"왜?"

"친구랑 가위 바위 보를 하면서 '지면 찐따 가위, 바위, 보'를 했어요. 그리고 인경이가 져서 친구들이 인경이를 찐따라며 놀렸어요."

"그래서?"

"나도 같이 놀렸는데 인경이가 손가락으로 내 목을 조르는 거예요."

"그래서?"

"인경이를 밀치고 물통을 던졌어요."

"희재야, 노는 건 좋지만 상대방을 놀리면 안 되지. 너도 놀랐겠지만 상대방을 놀리면 당연히 화가 나잖아."

"엄마는 나만 잘못했대."

희재는 목이 아팠다면서 지금도 따끔거리는 것 같다고 목을 감싼다. 그리고 그날 희재의 하이톡에는 목을 조르지 말기. 물건을 던지지 말기. 라는 공지가 떴다.

어찌 보면 대수롭지 않은 아이들의 장난이지만 학년이 올라갈수록 사소한 장난이 심각해지는 경우가 잦아진다. 자신이 누군가를 이용하거나 누군가를 괴롭히거나 험담하는 행동은 생활 속에서 습관을 통해 고쳐 나가야 하는 부분이라고 생각한다. 희재와 종민이는 6년 동안을 보육원에서 비슷한 아이들과 몸을 비비며 살아왔기 때문에 친구들과 부딪치며 장난하는 행동이 익숙할 수 있다. 그런 면에서 외동이나 형제가 적은 아이들의 환경보다 희재와 종민이가 다소 거칠어 보일 수도 있겠다는 생각이 들었다.

오은영 정신과 의사는 우리가 번잡한 시장에 갔을 때 자신의 발을 누군가 밟는다고 불쾌할 필요는 없다고 하였다. 환경에 따라 행동을 받아들이는 것에 유연성이 있어야 한다는 대목이다. 자칫 몸을 스쳤다고 해서 계속 선생님께 이른다 든지 축구를 하다가 공으로 배를 맞았다고 심하게 화를 내는 것은 바람직하지 못하다. 당연한 상황들을 예견할 수 있는 공간이기 때문이다. 그럴 때는 툭툭 털고 일어나는 내구력도 필요하다고 생각된다.

아빠의 침대를 차지한 희재

희재, 종민이와 소아 정신과 의원에 갔다.
"희재는 요즘 뭐 불편한 것이 있니?"
"잠자리가 불편해요."
"왜?"
"좁고 더워요."
어젯 밤, 희재는 자다가 이층 침대에서 내려와 아빠가 자는 침대로 들어가 잠을 청했다. 그러나 뭔가 불편했는지 다시 이층 침대로 올라가기를 반복했다. 2층에 누워 몸을 움직이면 침대에서 삐거덕 소리가 난다. 희재는 그 소리에 잠이 깨어 몸을 더 뒤척거리는 것 같다.

집으로 돌아와 가족회의를 했다. 결국 희재의 소원대로 넓고 쾌적한 잠을 위해 아빠는 안방 침대를 희재에게 내주었다. 그날부터 희재는 넓은 안방 침대에서 선풍기를 켜놓고 대자로 누워 잔다. 종민이와 나는 희재가 자는 침대 옆에 모기장을 쳐놓고 그 안에서 둘이 자고 아빠는 희재방 이층 침대의 일층을 사용하기로 했다.

아이들방이 아빠에게는 독립된 공간이고 조용한 공간이어서
나름 만족일 것이고 희재는 넓고 쾌적해서 만족이고 종민이는
드디어 엄마랑 잘 수 있어 만족이다. 그런데 나는 잠자리가
영 불편하다. 그래도 누워서 종민이의 얼굴을 보고 있노라면
마음이 풀리며 즐거워진다. 하지만 몸이 힘든 건 어쩔 수 없다.
아침에 일어나면 몸이 찌뿌둥하다. 그래서 한 번씩 희재가 얄미
운 생각이 들었다.
"이대로 자는 건 불편해."
"그래요, 그럼 나는 또 이층 침대 갔다가 아빠 침대로 갔다가
밤새 들락거릴게요."

뭔가 해결책이 없을까. 내가 희재와 안방에서 자면 종민이는
엄마와 함께 자지 못해 슬퍼한다. 당분간은 이대로 지내면서
다시 해결책을 찾아봐야겠다.

형아가 없는 날

희재가 학교에서 1박 2일 수련회를 가게 되었다. 처음으로 형아 없이 종민이와 시간을 보낼 수 있게 되어 기쁜 마음이다. 오전에 나와 종민이는 종민이 치과 진료를 위해 전남 치과 병원에 있는 어린이 치과에 가서 과잉치 제거 수술 날짜를 예약했다. 점심 식사는 종민이를 데리고 남편의 회사 근처에서 외식하는 것이었으나, 종민이는 꼭 학교에 가고 싶다며 버텼다.
나는 할 수 없이 종민이를 학교에 데려다 주었다. 그리고 오후 2시가 되어 종민이를 학교에서 다시 만나 놀이치료를 위해 밝은 마음 센터에 도착했다. 하루 종일 비가 내리면서 나의 컨디션은 좋지 않았다. 모처럼 종민이와 함께 많은 시간을 보내려 했는데, 분주하기만 한 것 같다.

종민이의 놀이 치료가 끝나고 병원 근처에서 남편을 만나 외식을 했다. 종민이는 잔치국수를 먹겠다고 한다. 고기를 좋아하는 종민이를 위해 삼겹살 2인분과 청국장, 잔치국수를 시켜놓았다. 종민이는 국수가 맛있다며 잘 먹었다. 청국장에 들어가는 두부와 버섯도 맛있다고 했다. 배가 고팠던 탓일까 이것저것 잘 먹기 시작한다. 삼겹살도 구워 상추에 싸주니 잘 먹었다. 그냥 삼겹살을 집어먹기도 했다. 종민이에게 "오늘은 형아가 없어. 우리만 있는 거야. 오늘은 종민이를 위한 날이야." 라고 말해 주니 별 반응이 없다. 감정을 표현하기 싫었던 것일까. 잘 먹고 화장실을 다녀와서 또 먹는다. 나는 아이에게 밥을 잘 먹어줘서 너무 고맙다고 말해주었다.

집에 와서 나는 종민이와 함께 침대에서 자기로 했다. 남편에게 같이 자자고 했으나 남편은 편하게 자겠다며 아이들 방으로 들어간다. 나는 안방 침대에서 종민이와 둘이 누워 이런 저런 놀이를 하다가 종민이에게 마음 속 이야기를 꺼내 보았다.

"종민아, 종민이가 우리 가족이 되자마자 엄마가 종민이를 많이 혼내서 무서웠지?"
종민이는 말이 없다.
"많이 힘들었을 것 같아. 가족이 생겨서 너무 좋았을 텐데, 3개월 동안 많이 혼나서 정말 속상했을 거 같아. 종민아, 엄마도 어떻게 해야 할지 몰라서 그랬어. 많이 혼내면 종민이가 말을 들을 줄 알고 그랬어. 정말 미안해."
한참을 말없이 듣고 있던 종민이가 말을 꺼낸다.
"먼저 말을 하면 되지. 기다려 주지도 않고 혼냈어."

종민이는 뭔가 응어리가 쌓여있는 듯 했다.

"종민이가 말을 해도 듣지 않았어. 지금이랑 너무 달라. 엄마도 아빠도 형도 종민이가 와서 모두 적응하느라고 너무 힘들었어. 종민이도 많이 힘들었을 거야."

"엄마가 형아랑 싸우는 게 힘들었어. 엄마는 형아랑 매일 싸우고 나는 방으로 들어가 버렸어. 나 때문에 싸웠어. 나만 가족이 안됐어도 싸우지 않았을 텐데."

"그래, 힘들었구나. 엄마도 형아랑 싸워서 너무 많이 힘들었어. 종민아, 엄마는 종민이와 가족이 되어서 너무 행복해. 종민이가 가족이 되어줘서 너무 고마워."

"……"

"종민아, 우리는 감기에 걸렸던 거야. 사람은 누구나 감기에 걸리잖아. 근데 노력해서 금방 낫는 사람이 있고 늦게 낫는 사람이 있잖아. 우리는 금방 나았어. 종민이가 노력하고 엄마도 노력하고 있어서 금방 다 나았어. 노력해줘서 고마워."

종민이는 말없이 듣고 있다.

"종민아, 그 동안 종민이를 너무 많이 혼내서 엄마가 지금 용서를 비는 거야. 용서해 줄 거야?"

"응, 그럴게."

종민이는 투정을 부리지도 신경질을 내지도 않는다. 그냥 묵묵하게 자신의 말을 잘 전달하고 잘 들어준다. 그러더니 난데없이,
"엄마, 감동을 주는 노래 좀 불러봐."
"무슨 감동? 갑자기?"
"감동을 주는 노래. 노래를 들으면 우는 노래 있잖아. 노래를 불러줘요."

얼마 전에 내가 김성호 가수의 '회상'을 들으면서 울었던 적이 있다. 종민이는 울고 있는 나를 멀뚱하게 쳐다 보았다.
"엄마, 왜 울어?"
"노래가 너무 아름다워서 우는 거야."

종민이는 그 노래를 불러달라고 한다. 나는 노래를 불렀다. 종민이도 자기가 만든 노래를 씩씩하게 부른다. 그러더니 나더러 또 감동적인 노래를 불러달라고 한다. 나는 자장가를 불렀다.
"엄마가 섬 그늘에 꼴 따러 가면, 아이는 홀로 나와 집을 보다가 파도가 들려주는 자장노래에 팔베고 스르르르 잠이 듭니다."
종민이는 잠자리를 등으로 고른다.

"잠을 잘 잘 수 있겠군."
나는 종민이와 노래를 부르는 동안 종민이의 배를 계속 쓸어주었다. 종민이와 나는 오랫동안 두런두런 이야기를 나누고 노래를 부르다 잠이 들었다.

다음날 아침 일찍 주방에 나온 나를 늦게 일어난 종민이가 부른다.
"엄마, 어제 나랑 잔거 맞지?"
"그래~"
"아빠랑 자지 않았지?"
"응."
종민이는 오늘 아침에도 일찍 학교에 가고 싶다며 가방을 메고 8시에 출발했다. 종민이의 마음이 조금이라도 편해졌으면 좋겠다.

비

나종민

꽃은 좋겠다.
세수를 하지 않아도 예쁘게 씻겨 주니까

나무는 좋겠다.
씻지 않아도
깨끗하게 씻어 주니까

해는 좋겠다.
행성들의 사랑을 받으니까

별똥별은 좋겠다.
사람들의 소원을 들어주니까

자전거 사고

희재, 종민이와 함께 도서관에 가기로 했다. 종민이는 자전거를 타고 싶다고 한다. 자전거를 꺼내 놓으니 종민이 자전거 앞 타이어에 구멍이 났다. 자전거를 교체해야 하는 상황이다. 나는 남편이 자전거로 출근했다는 문자를 보고 우리도 자전거를 타기로 결심한다. 그런데 희재는 자전거를 타지 않겠다고 해서 종민이에게 희재의 자전거를 타게 했다. 우리는 상록 도서관에 도착하여 책을 읽으며 놀다가 남편을 만나 함께 자전거를 타고 귀가했다.

집으로 가는 중이었다. 희재는 종민이보다 먼저 앞으로 가겠다고 뛰기 시작한다. 종민이는 희재보다 빠르게 가겠다고 자전거 패달을 씩씩하게 돌린다. 그렇게 둘 사이에 경쟁이 시작되었고, 열심히 뛰던 희재는 쏜살 같이 옆으로 달려오는 종민이의 자전거를 손으로 밀어버렸다. 달리던 종민이의 자전거는 순간 균형을 잃고 미끄러지듯 쓰러져 버렸고, 종민이는 순식간에 굴러 넘어졌다. 그리고 넘어진 자전거가 종민이의 다리를 누르고 말았다. 나는 소리를 지르며 앞으로 뛰어가 종민이가 다쳤는지

살폈다. 다행히 얼굴은 다치지 않았지만, 무릎이 까이고 부었다.

다음 날 종민이는 병원에서 다리를 깁스하였다. 종민이는 절뚝거리며 신나게 걸어 다녔고 저녁에도 형이랑 포켓몬스터 게임을 하며 즐거워했다.

밖에서 노는 게 좋아요.

10월 2일은 임시 공휴일로 정해졌다. 그래서 오전에는 가족들이 모두 병원으로 향했다. 남편은 내과에서, 아이들은 안과에서 정기 검진을 받았다. 이른 아침부터 분주하게 움직이느라 나는 미처 종민이의 약을 챙기지 못했다.

병원 안에서 종민이는 분주하게 움직였다. 학교에서도 공을 차는 연습을 하다 보니 새로 산 양말에 자주 구멍이 났다. 이제는 태권도 학원을 다니게 되자 장소를 가리지 않고 권법 시범을 보인다. 종민이는 병원 홀에서 가만히 있지 않았다. 진료를 마치고 점심을 먹으러 근처 식당에 갔을 때도 종민이의 태권도 시범은 계속되었다. 남편은 종민이에게 여러 사람이 있는 곳에서는 하지 말라고 주의를 줬지만 소용 없었다.

유독 눈에 띈 건, 종민이가 음식을 많이 먹는다는 점이다. 종민이는 약을 복용할 때는 입맛이 없고 속이 불편해서 거의 먹지 못하는데, 오늘은 잘 먹었다. 약을 먹으면 입맛이 없어서 음식을 양껏 못 먹는다는 사실이 안쓰러웠다.

오후가 되어 종민이는 집에 도착하자마자 동네 놀이터로 달려 갔다. 종민이가 가장 좋아하는 시간은 놀이터에서 자전거를 타고 공을 차는 시간이다. 가을바람이 조금 차게 느껴졌으나 종민이는 자전거를 몰고 놀이터로 갔고 해가 지는 6시 반이 되어야 귀가했다. 종민이는 집에 돌아와서 내게 팔꿈치가 다쳤 다고 한다. 거의 매일 놀다가 다치는 일이 일상이기에 나는 대수롭지 않게 생각했다. 팔꿈치에 생긴 상처를 소독하고 밴드 를 붙였다.

"종민아, 뭐하다 이렇게 다쳤니."
"자전거를 타고 놀이터에서 내려오는 길에 브레이크를 잡았어. 근데 넘어져서 자전거에 깔렸어. 토도 했어."
"종민아, 달리는 자전거는 급하게 브레이크를 잡으면 가속도가 붙어서 고꾸라져."

종민이는 달리는 자전거의 브레이크를 밟아보고 싶었던 모양이 다. 자전거가 앞으로 고꾸라지고 종민이도 크게 넘어졌을 거라 는 건 안 봐도 눈에 훤하다. 그런데도 종민이는 몸으로 느껴보 고 싶었던 것 같다.

상황을 알게 된 남편은 일주일 동안 자전거 타기를 금지 시키고 앞바퀴를 떼어버렸다. 몸이 다치면 안 되기 때문이다. 종민이는 하루 종일 밖에서 놀고 싶어 한다. 나는 종민이가 말을 안 듣고 고집을 부릴 때면 놀이터에 가는 걸 금지 시킨다. 그러면 종민이는 싫다는 말을 반복하며 더욱 떼를 쓰지도 했지만, 그렇게 해결 될 수 없다는 걸 깨닫는다.

다음 날부터 집에만 있게 된 종민이는 답답해했다. 막상 책상에 앉아 공부를 한다는 건 쉬운 일이 아니다. 투덜거리며 밀린 숙제를 겨우 다 끝내었다.

늦은 오후가 되어 형아랑 바둑하며 놀다가 아빠랑 만화를 보고 나서 저녁을 먹었다.
"집에서 노는 것도 생각보다 좋네."
"가족과 함께 지내는 시간이 즐거운 거야."

우리는 식사를 마치고 가볍게 동네를 산책했다. 근처 과자 가게에 들러 종민이가 먹고 싶어 하던 머랭 쿠키를 사주었다. 종민이는 맛있게 다 먹으며 즐거워한다. 문득 종민이는 너무 **빠르게** 독립할 것 같은 생각이 든다. 그때까지 아이가 잘 성장할 수 있도록 도와주고 싶다.

나도 바라봐 주세요.

 오늘은 종민이가 아침부터 어수선한 날이다. 그런 날은 보통 전날 밤 취침이 영향을 미치는 것 같다. 어제 밤 종민이는 갑자기 아빠 옆에서 잠을 자겠다고 버틴다.
"아빠 옆에서 잘 거야."
저녁에 아빠와 빈첸시오 회합에 가서 즐거운 시간을 보내고 온 터이다.
"아빠 옆은 형아 자리니까, 형아한테 먼저 허락을 받거라."
나는 둘의 실랑이가 걱정되어 첫째에게 속삭였다.
"희재야, 엄마랑 같이 자자."
"그래요."

종민이의 변덕으로 종민이가 아빠와 자게 됐으니, 나는 최대한 희재를 달래주려고 희재가 좋아하는 등 긁어 주기를 해주었다. 그러자 종민이는 형이 부러웠는지 자기 등도 긁어달라고 재촉한다.
"엄마, 나도 등 가려워. 등 긁어줘."
나는 못들은 체했다. 희재에게 잘 자라고 노래도 불러주었더니 종민이는 질투가 났는지 엄마를 부르기 시작한다.
"엄마, 아까 낮에 나 학교 갈 때 큰소리로 '종민아, 사랑해.' 라고 했지~"
나는 속으로 웃음이 났지만 별말을 하지 않았다. 종민이는 안달이 나서 재차 물어보기 시작한다.
"엄마, 아까 나한테 사랑한다고 말했잖아."
"자거라."
나는 종민이의 안달이 웃겼지만 자주 있는 일이라 무시했다. 지금은 희재를 기분 좋게 해주는 시간이었기에 자칫 종민이에게 관심을 주게 되면 희재가 심통이 난다.

다음 날 아침이 되어 희재를 깨워 다리를 마사지 해주고 기지개를 켜게 했다. 아직 자고 있는 종민이를 보니 어젯밤 일이 생각나 종민이 다리를 잡고 기지개를 켜주는데, 종민이는 일부러 다리에 힘을 준다.
"어휴."
나는 일어나고 말았다.

종민이는 일어나자마자 포켓몬 카드를 만지작거린다. 형이 씻고 밥을 다 먹는 동안에도 느릿느릿 한가로이 카드를 만진다. 아빠가 식사하기 위해 식탁에 앉자 종민이는 겨우 의자에 앉았지만, 밥도 먹는 둥 마는 둥 하며 엄마 일에 참견 하고 형아 일에 참견이다.

희재가 바지를 입는데 기장이 짧아져 있다.
"작년에 입던 바지인데 껑충해졌어. 희재도 신기하지?"
종민이는 곧바로 자신의 바지를 들어 정강이에 갖다 댄다.
"나도 작년에는 여기까지 닿았는데 지금은 이렇게 짧아졌어."
"종민아, 밥 먹고 움직여야 해."
아빠는 종민이에게 몇 번을 앉아서 먹어야 한다고 주의를 준다.
오전 8시 10분이 넘어 종민이가 약을 먹는다.

형아가 학교에 가고 종민이는 겨우 양치를 한다.
"종민아, 양치를 안 하면 계속 목이 아플 거야."
"지금도 아픈데?"
"계속 해야 안 아프지."

나는 종민이의 얼굴을 씻겨주고 가방을 메어 준다. 종민이는 선생님이 마스크를 쓰라고 했다고 전한다. 집에 있는 마스크를 건네주었다.
"싫어!"
"왜?"

"난 저거 싫단 말이야! 네모난 게 좋아!"
지난 번 사두었던 아이 마스크가 떨어져서 어른 마스크를 줄여 주었다.
"이거 큰 건데?"
"싫다면 그거라고 써야지. 선택의 여지가 없어!"
종민이는 자기가 마스크를 찾겠다며 마스크가 있던 책장으로 올라가더니 마스크가 보이지 않자 눈앞에 보인 장난감을 만지 작거린다.
"나종민! 학교 가야지!"
종민이는 다시 거실로 나오더니 다른 마스크를 찾겠다고 기웃 거린다.

나는 현관문을 열고 엘리베이터 앞에 서 있다. 종민이는 주뼛주 뼛 거리더니 신발을 신고 나온다.
"엄마, 오늘은 혼자 학교에 갈게요."
"인사하고 가야지."
"학교 다녀오겠습니다."
"조심히 다녀 오거라."
엘리베이터 문이 닫히고 나는 현관문을 닫는다.

종민이는 ADHD약을 복용하면 대략 30분 후부터 증상이 나타

나는 것 같다. 정신없이 굴다 가도 말투가 차분해진다. 약은 보통 오후 5시에서 6시 사이에 약효가 사라지는 것 같다. 오후 4시 30분에 집에 돌아오기 때문에 가급적 그 시간까지 약효를 유지 시켜주기 위해서 아침 일찍 약을 먹이지는 않는다. 한편으론 약이 있어서 얼마나 다행인지 모른다. 하루 종일 종민이가 자신도 통제하지 못하는 어수선한 시간들을 보냈던 예전을 돌이켜보면 끔찍하다. 어떤 분들은 "아이들은 다 그래."라고 하지만, 아이들이 다 그런 것은 아니다. 특히 종민이는 자신이 사랑과 관심을 덜 받았다고 느끼거나 많이 혼났다고 느낄 때, 반항적이 되면서 집중하지 못하고 산만한 모습을 보였다. 그 동안의 변화를 보면 종민이에게 감사할 뿐이다. 종민아, 그 동안 참 잘했어. 앞으로도 우리 노력하자~ 아주 많이 사랑해^^

생부모는 나를 버렸어.

종민이는 오늘 따라 무슨 생각이 났는지 거실에 뒹굴뒹굴 누워 있다가 말을 툭 던진다.
"생부모는 나를 버렸어."
"종민아, 종민이는 버려진 게 아냐. 아기를 버리면 아기는 혼자서 음식을 먹을 수가 없어. 아기를 버리면 아기는 죽어."
"아냐, 나를 버려서 이모들이 주운 거야."
"이모들이 어떻게 알고 주웠지?"
종민이는 고개를 갸우뚱한다.
"종민아, 종민이의 생모는 종민이를 해성에 맡긴 거야."
나는 종민이의 생모 역할극을 했다.
"저기요, 저희 사랑하는 아들 종민이를 맡아 주세요. 저는 종민이를 키울 수가 없어요. 저 대신 훌륭한 아이로 키워 주세요."

"종민아, 생모는 가난했기 때문에 종민이를 키울 수가 없었어."
"가난한데 왜 못 키워?"
"가난하면 돈이 없는 거야. 돈이 없으면 집도 음식도 없어. 아기에게 먹을 것을 줄 수 없어. 그래서 어쩔 수 없이 맡긴 거야."

종민이는 얼마 전에 해성 이모들의 편지를 다시 꺼내 읽더니 자신이 두 달째에 해성에 왔다는 것을 알게 되었다.
"난 한 살도 안 되서 해성에 왔어."
"맞아, 2개월 되서 해성에 왔대."
종민이는 내게 다가와 나에게 기대어 눕는다.
"엄마도 날 버릴 거야?"
"종민아, 버린 게 아니라 맡긴 거야. 그리고 엄마는 종민이랑 평생 같이 살 거야. 종민이가 커도 같이 살 거야. 알겠지?"
"응, 나는 엄마랑 같이 살 거야. 나는 건축가가 될 거니까. 호텔에서 엄마랑 같이 살 거야. 엄마는 몇 층에서 살 거야?"
종민이는 올해 여름 휴가지에서 묵었던 호텔의 기억이 무척이나 좋았었는지 자신이 크면 호텔에 살 거라고 말하곤 한다.
한 동안 잠잠하더니 요즘 들어 다시 옛날 생각이 나는 듯하다.

종민이가 등교하고 집안일을 하며 문득 생각이 들었다. 오늘은 종민이가 학교에서 장기 자랑하는 날이다. 그래서 자기 자신에 대해 생각을 하게 된 것은 아닐까. 아이에게 부모가 가난해서 시설에 맡긴 거라고 말하는 것이 최선이었을까. 그러면 종민이는 가난이라는 것에 민감해지지 않을까. 가난해도 자식과 함께 살아가는 부모들이 세상에는 많은데, 그건 어떻게 설명할 수 있을까. 다른 이유는 없을까. 나중에 종민이가 스무 살이 되어도 납득할 수 있을 만한 이야기는 없는 것일까.

종민아, 종민이의 생모가 그 당시 어떤 일이 있었는지 엄마는 잘 모른다. 아마도 사랑하는 종민이를 다른 곳에 맡길 수밖에 없는 마음 아픈 이유가 있었을 거야. 그 당시에는 생모도 많이 힘들어서 그랬겠지. 아기를 안전하게 보호하고 싶어서 어쩔 수 없는 선택을 하셨을 거야. 나중에 종민이가 스무 살이 되어 생모를 만나면 그때 물어보면 어떨까. 그러려면 그때까지 멋지고 건강하게 잘 자라자. 지금의 종민이는 누구보다 밝고 사랑스러운 아이이고 엄마에겐 귀한 아들이니까. 종민아, 엄마 아들이 되어 주어서 고마워.

빈첸시안이 될 거야.

종민이는 12월에 있었던 빈첸시오 송년회에 다녀온 후부터 부쩍 빈첸시오 모임이 언제냐고 물어온다. 빈첸시오는 아빠가 다니는 자원봉사 단체이다. 한 달에 두 번씩 정기모임이 있으며 회의 후 식사를 함께 하기도 한다. 작년 12월 송년회에 종민이는 아빠를 따라 나섰다. 종민이는 식당에서 돼지갈비도 실컷 먹고 좋아하는 딸기도 실컷 먹으며 사람들과 웃고 떠드니 기분이 무척 좋았을 것이다. 더구나 아이가 종민이 밖에 없었기에 귀여움을 독차지하며 즐거워했을 모습이 상상이 되고도 남을 일이다. 종민이는 집에 와서도 기분이 들떠 있었다. 다음 날부터 음료나 물을 마실 때면 건배를 하자며 잔을 내밀었다. 식사 때마다 잔을 부딪치며 물을 마시기를 반복했다. 그리고 나선 자신이 빈첸시안이라고 했다.

"종민아, 빈첸시오는 자원봉사 모임이기 때문에 봉사를 해야 해."
"자신 있어요."
"빈첸시안은 청소도 도와줘야 해."

"나는 할 수 있어."
종민이는 빗자루를 가져와 거실을 쓸어 댄다.

나는 종민이가 진심으로 빈첸시안이 되고 싶은지 생각해 보았다. 남편에게 어린이 빈첸시오 모임이 있는지 물었다. 남편은 빈첸시오 모임에 종민이가 가입해도 되는지 물었고 허락 받았다. 종민이는 너무 좋아했고 매일 아빠에게 빈첸시오 모임이 언제 인지를 물었다. 일요일이 되면 빈첸시안들은 자원봉사로 성당 화장실을 청소한다. 남편과 함께 종민이는 청소를 씩씩하게 해낸다. 사람들과 함께 있는 것을 좋아하는 종민이. 종민이는 연말에 빈첸시오 송년회 모임을 다녀온 후부터 부쩍 빈첸시오 모임을 기다렸다.

드디어 새해 1월 모임이 시작되었다. 종민이는 하루 종일 기다린 빈첸시오 모임에 다녀왔다. 여전히 만족스러운 모습으로 돌아온 종민이. 주방 식탁 위에 음료수와 호박 시루떡을 올려놓는다.
"엄마, 이거 드셔 봐."
대모님이 엄마를 위해 주셨다며 연신 먹어 보라고 권한다. 음료수를 따주며 드시라고 한다.
"종민아, 오늘도 즐거웠어?"

고개를 끄덕인다.

"재밌었어요."

종민이는 어른스러운 표정을 짓는다. 같이 다녀온 남편이 종민이가 빈첸시오 어린이 회장이 되었다는 얘기를 전한다. 이유인즉은 아직 빈첸시오에는 어린이 모임이 없는데 종민이가 하겠다고 나서니 종민이가 어린이 대표라는 것이다.

빈첸시오 회장은 종민이에게 봉사는 말이 아닌 선행이 우선이며 종민이가 어린이 회장으로 친구들을 이끌라고 책무를 주었다. 종민이는 며칠 전 자신은 커서 빈첸시오 회장이 될 거라고 하더니 오늘 어린이 회장이 되어서 내심 마음이 뿌듯해진 모양이다. 집에 오자마자 음식을 권하고 잠잘 시간이 되니 "안녕히 주무세요." 라며 넙죽 인사한다. 자리가 사람을 만드나 싶기도 했지만 종민이가 좋아하니 만족한다. 언제까지 아빠를 따라 빈첸시오에서 봉사할지 모르겠지만 이왕 시작하게 되었으니 앞길을 응원한다.

아기 놀이

 종민이가 오전부터 아기가 되었다. 아침을 먹자마자 혼자 안방으로 들어가 뒹굴며 아기 흉내를 낸다. 두 팔을 뻗어 양 발을 잡고 흔들며 자꾸 엄마를 부른다.
"엄마, 나 봐봐."
"엄마, 일루 와바."
"엄마, 나 봐봐."
주방 일을 보다가 할 수 없이 안방으로 가니 종민이는 뒹굴거리며 으앵으앵 외친다.
"으음……."
나는 뭔가를 해야 할 것 같은 직감이 들었다. 종민이는 주기적으로 아기 흉내를 낸다.

"그래, 우리 아기."
종민이에게 다가가니 종민이가 옆에 앉으라고 자리를 툭툭 친다. 나는 종민이 옆에 앉았다.
"으앵으앵."
"아이고, 우리 아기가 태어났네."

나는 종민이의 두 다리를 앞치마 속에 넣었다 빼는 흉내를 내었다.
"와아~ 아기가 나왔네~"
종민이는 깔깔거리며 웃는다.
"또 해줘."
우리는 아기 놀이를 대 여섯 번 반복한다.

심심했던 희재가 안방으로 들어와 종민이와 나를 번갈아본다.
"네가 무슨 아기야."
희재가 종민이 배 위로 눕는다. 아이고 큰일이다. 다시 아이들이 무거워 힘이 부치기 시작한다.
"아빠, 우리 아기를 한 명씩 안아 주자요."

아빠는 희재를 안고 나는 종민이를 안고 아기 놀이를 하였다. 몸무게 40키로의 희재와 80키로 아빠의 아기 놀이는 결국 레슬링이 되었다. 종민이는 내도록 응애를 하며 나에게 안겨 있다가 내 발등을 딛고 올라 걷는다. 아빠는 희재와 레슬링을 끝내고 외출복을 입는다.
"엄마와 희재는 서빛마루 도서관으로 가고 아빠와 종민이는 자전거를 타자."
"예에~~"

종민이는 내 품에서 내려와 재빨리 외출 준비를 한다. 씽씽 달리는 자전거가 무척 좋은 종민이다.

아빠와 씨름

희재는 5학년이 되면서 부쩍 몸이 커졌다. 희재는 아빠와의 씨름을 좋아한다. 가끔씩 아빠를 약 올리며 유인하여 씨름을 걸기도 한다. 희재는 씨름 할 때 종민이와 편이 되는 게 자신에게 유리하다고 생각한다. 그래서 항상 종민이를 불러놓고 커다란 이불을 뒤집어쓰며 아빠를 약 올려 유인한다. 이를 테면, 아빠를 툭 치고 "종민아. 어서와!" 하고 호들갑을 떨며 이불 속으로 숨는 것이다. 그러면 아빠는 눈치를 채고 다가가 이불 위로 벌러덩 눕거나 몸으로 덮쳐서 꾹 누른 다거나 효자손으로 툭툭 친다. 그게 뭐가 재밌는지 아이들은 화들짝 소리를 내고 히히히 거리며 웃는다. 무섭지만 재밌는 반응인 것 같다. 숨이 막힌 종민이가 먼저 기어 나오면 희재는 아빠 몸에 깔려 발버둥을 치다가 아빠 등 뒤로 달려드는 종민이를 아빠가 잡으면 희재가 겨우 빠져나와 다시 전열을 가다듬는 식이다. 아빠로서는 두 아들과 엎치락뒤치락하는 것이 여간 힘든 일이 아닐 것이다.

한 바탕 난리를 피우며 놀고 있을 때쯤이다. 종민이가 아빠 등 뒤에 매달려서 아빠가 종민이를 업어치기 하자, 겨우 아빠 몸에서 빠져나온 희재가 멀리서 달려와 아빠를 덮친다는 것이 자신의 무릎으로 아빠의 허벅지를 강타했다. 검도를 다녀 근육으로 뭉친 40키로의 아이가 자신의 무릎으로 아빠의 허벅지를 니킥 해버린 것이다. 순간 당황한 아빠는 반사적으로 화를 내버렸다.
"그만 하라고!"
"아빠, 죄송해요."

당황한 건 희재도 마찬가지였다. 남편은 잠시 멍하니 있다가 침대에 누워 버린다. 나는 조용히 방 불을 끄고 문을 닫고 나왔다. 아이들도 당황하여 무슨 일인지 모르고 있었다. 거실에 조용한 기운이 감돌고 나는 다시 주방에서 집안일을 하는데 웃음이 나왔다. 아빠가 얼마나 놀랐을까. 언제 우리 아들이 저렇게 컸을까. 신기하기도 했다.

다음날, 남편은 희재의 니킥으로 아직도 허벅지가 아프다고 하였다. 나는 어제일로 당황한 희재에게도 안심시켜 주었다.
"희재야, 우리 아들이 너무 많이 커버렸어. 언제 그렇게 컸을까. 너무 대견 하구나. 그래도 이제 아빠와 씨름은 조심 해야겠다."
"엄마, 나도 언제 내가 힘이 이렇게 세졌는지 몰랐어요. 우리 반에서도 친구들이랑 겨뤄 보았는데 내가 제일 힘이 세요."
"우리 아들 너무 기특하다. 이제 힘은 약한 사람들을 도와주기 위해 사용하렴."

겨울 방학 계획

아이들 겨울 방학이 시작되었다. 오전에 아이들과 아침 식사를 하고 두 아이를 앞혀 놓고 계획을 세웠다. 올해는 13살이 된 희재에게 새해 수첩을 주었다. 연간 수첩이 있으면 일정을 계획하기 수월하다. 희재는 이제 스스로 자신의 스케줄을 조절하는 연습이 필요할 것 같다. 희재도 어른이 된 듯한 느낌이 드는지 좋아한다.

"나는 왜 없어!"

책상에 앉은 종민이가 갑자기 형의 수첩을 보더니 의자에서 내려와 거실 구석으로 가 머리를 벽에 대고 울기 시작한다. 요즘 종민이의 떼쓰기 방식이 구석으로 들어가 머리를 조아리며 자신의 불만을 드러내는 것이다. 매번 형이랑 똑같이 하려고 해서 난감했지만, 우리는 기분 좋게 계획을 세워야 하므로 남은 수첩을 종민이에게 주었다. 종민이의 표정이 한껏 밝아졌다.

먼저 연간 계획표에 가족의 생일과 일정 등 중요한 날을 기록하고 방학과 개학 일을 기록했다. 아이들은 진지하게 잘 따라서 기록한다. 한쪽 면에 원을 그려 하루 일과를 그려나갔다. 7시에 일어나 씻고 아침을 먹고 8시부터 11시까지 공부하고, 11시에 방과 후 수업을 듣고 희재는 집으로 돌아와 점심을 먹고 쉰다. 종민이는 돌봄에서 점심을 먹고 신나게 놀다가 4시에 태권도 학원에 가고 5시에 귀가한다. 이후 7시에 저녁 식사를 함께 하고 쉬다가 9시에 잔다. 아이들은 초등학생이므로 오후 9시 취침이 원칙이다. 다만, 종민이가 가족이 된 이후로 지켜진 날이 손으로 꼽는다. 종민이는 밤늦게까지 놀고 싶어하고 아침에는 늑장을 부린다.

시간표를 작성하고 나니 두 달 간의 방학 동안 무엇을 해야 할지 난감했다. 나는 엄마로서 뭐라도 시켜야 할 듯 했다. 방학은 자유로운 시간이기에 재미있는 경험을 주고 싶다. 또한 아이들은 방학이어도 규칙적인 생활이 필요하기에 규칙을 만들어 주어야 한다. 그러나 억지로 할 수는 없는 일이다.

아이들에게 방학 동안 배우고 싶은 것을 한 가지 씩 정하라고 하였다. 희재는 일본어를 배우고 싶다고 한다. 종민이는 수화를 배우고 싶다고 한다. 며칠 전에 수화가 나오는 영화를 보고 영향을 받은 건가 싶다. 두 번째로 방학 동안 가고 싶은 곳을 말하라고 하니 희재는 할머니 댁에 가고 싶다고 한다. 종민이는 잘 모르겠는지 나에게 가고 싶은 곳을 말하면 자신이 엄마를 따라가겠다고 한다. 나는 종민이가 정해야 한다고 하니 자신의 출생지인 서울에 가고 싶다고 한다. 종민이는 자신이 태어난 곳을 가끔씩 그리워한다. 기억은 없지만 막연한 그리움이 아닐까 생각된다. 그렇게 방학 계획을 마쳤다. 그런데 오늘 희재가 폐렴 증상으로 병원에 며칠 입원하게 되었다. 남은 방학 기간 동안이라도 아이들이 조금씩 자신이 결심한 계획을 실천해 볼 수 있도록 노력해야겠다.

입맛이 없어요.

종민이가 ADHD 약을 복용하게 된 시기가 작년 6월이었다. 작년 12월에 와서 거의 6개월을 매일 전쟁하다시피 보낸 후, 약을 복용하여 현재 6개월이 지났다. 종민이는 약을 복용한 이후부터 많이 달라졌다. 약을 복용한 후 30분 정도가 지나면 비뚤거리며 갈지자로 걷는 자세도 단정해진다. 참 신기하게도 말도 차분해지고 모든 욕구가 사라진 것처럼 보였다. 어쩌면 욕구가 한 방향으로 집중되면서 산만한 잔가지들을 제거한 것 같다. 다행한 일이다. 다행하지 않은 건 약으로 인해 종민이의 음식 욕구가 떨어지는 것이다.
"왜 약을 이렇게 만든 거야. 약 만든 사람들 좀 혼나야 돼. 밥을 먹을 수 있게 만들어야지."

종민이는 점심때만 되면 입맛 없는 자신의 욕구를 슬퍼한다. 약으로 인한 반응이라는 것을 알게 된 이후다. 그래서 종민이는 아침밥을 많이 먹고 점심은 학교에서 먹는 둥 마는 둥 하다가 저녁을 많이 먹는다. 때로는 약을 먹으면 입맛이 없다며 약을 거부하기도 한다. 가끔 남편은 종민이에게 자유를 주자며 약을 먹이지 않는 날도 있다. 그럴 때면 하루가 매우 산만한 날도 있고 약을 먹지 않았는데도 약을 먹는 평소와 다를 바가 없는 단정한 날도 있다. 종민이가 먹기 싫어해서 하루 약을 안 먹고 학교에 등교한 날이 있다.
"엄마, 선생님이 아직은 약을 먹는 게 좋겠다고 하셨어요."

현재 종민이는 신경 안정제인 트라린정 5미리와 ADHD처방약인 메틸페니데이트를 15미리를 먹는다. 소아 정신과 원장은 아이가 겨울 방학도 시작되었으니 약을 조금 줄여보자고 하셨다. 그 동안 7살 아이가 너무 많은 약을 복용해서 걱정했는데 약이 줄어서 다행이다. 더 다행인 건 종민이도 약을 줄여서 좋아하고 복용 후 증상도 이전보다 행동이 좀 더 자연스러워 보인다. 먹는 것을 좋아하는 종민이에게 입맛이 없다는 것은 굉장히 괴로운 일일 것 같다. 그리고 자기 주관이 강한 종민이가 나이 들수록 언제까지 약을 복용할지 의문이다.

요즘은 예전보다 자주 약을 먹지 않겠다고 찡찡댄다. 그럴 때마다 나는 형의 이야기를 들려준다.
"종민아, 형도 1학년 때 약을 먹고 나서 2학년 여름 방학에 끊었어. 종민이도 지금처럼 약을 잘 먹으면 형처럼 일찍 약을 끊을 수 있을 거야. 의사 선생님 말씀대로 잘 지켜보자."

"진짜야?"

"그럼."

종민이는 그럼 또 덥석 먹는다. 그러다 약을 먹기 싫으면 스스로 먹지 않고 먹여 달라고 한다. 최근에야 알았다. 종민이는 먹기 싫으면 먹여 달라고 한다는 것을.

가족 사진

12월은 특별한 달이다. 종민이는 작년 12월 24일에 가족이 되었다. 그래서 종민이는 12월 24일 크리스마스를 기다려왔다. 종민이에게 가족이 된 지 1년은 특별한 의미가 있는 것처럼 느껴졌다.
"조금 있으면 1년?"
종민이는 신기한 듯 즐거운 표정을 짓는다.

종민이가 가족이 된 후 가장 속상한 일은 거실에 걸려 있는 가족사진에 종민이의 모습이 없는 것이다. 가뜩이나 종민이를 미워하던 희재는 종민이가 미울 때마다 "너는 가족사진에 없네." 하며 약올리기 일쑤였다. 그럴 때마다 종민이는 무척 슬퍼했다.
"나도 입양이 되었으면 좋겠어요."
"나는 왜 가족사진에 없어요?"
"가족사진은 네가 가족이 되기 전에 찍은 거란다."
당연한 이야기를 애써 해줘도 종민이는 받아들일 마음이 없다.
종민이는 가족사진을 물끄러미 보고 입을 쭉 내밀고 손짓하며 울먹거린다.

"왜 내가 없어요. 나는 가족이 아니예요?"

"무슨 소리야, 우리는 가족이야."

"나도 저기에 들어가고 싶어요."

"그래, 가족사진 찍자. 조금만 기다려. 우리 겨울에 찍자."

가족사진을 찍기엔 비용이 많이 들기도 하고 번거롭다고 생각한 나는 종민이의 요구를 재차 미루고 있었다. 가족사진 액자는 거실에 걸어두고 큰 의미를 두지 않기 때문에 비싼 지출을 할 필요를 못 느꼈지만, 종민이는 슬플 수도 있겠다 싶어 약속한 날이 겨울이었다. 그래서일까. 종민이는 자신이 온 지 1년이 되어 가는 12월을 무척 기다렸다.

12월이 되자, 나는 종민이의 가족사진이 생각나서 부랴부랴 사진관을 알아보았다. 다행히 특별 이벤트를 한다는 곳이 있어 저렴한 가격에 예약하였다. 마침 12월 23일은 내가 성당에서 세례를 받는 날이어서 평소 꾸미지 않던 모습을 한껏 꾸며보려고 하기에 그날을 디데이로 하였다. 그리고 드디어 12월 23일이 되었다.

종민이는 평소 잘 안 입던 흰색 셔츠와 나비넥타이에 베이지색

조끼를 입고 코트를 갖춰 입었다. 신발도 형이 피아노 대회에 나갈 때 딱 한번 신었던 구두를 신었다. 머리는 왁스를 발라 앞머리를 단정히 넘겨주었다. 남편과 나는 결혼할 때 입었던 한복을 11년 만에 처음 꺼내 입었다. 전날 밤새 스팀 다리미로 구김을 펴주었다. 한복의 고운 빛깔이 살아나는 것 같았다. 희재는 목폴라에 평소 입던 재킷을 입었다. 가족이 모두 한껏 멋을 낸 날이다. 이런 날이어야 종민이의 가족사진이 더욱 멋지지 않을까.

나는 종민이의 마음이 행복했으면 좋겠다. 아이가 오래도록 기다려온 날을 어떻게 행복으로 채울까. 종민이는 산만하게 행동하지 않으며 오늘 따라 제법 의젓해 보였다. 오후가 되어 세례식이 끝난 후 가득 받은 꽃과 선물을 들고 사진관으로 향했다.
"종민아, 엄마 오늘 어땠어?"
"엄마, 너무 예뻤어."
"고마워."

사진관 사장님께서 옷매무새를 다시 정리 해주셨다. 희재가 비슷한 스타일의 옷으로 갈아입는 사이에 종민이는 사진관 내부를 기웃거리며 구경한다. 이후의 사진 촬영은 쉽지 않았다.

같은 자세로 계속해서 웃어야 했고 몸이 기울어지지 않게 그대로 있어야 했으며, 사진사의 요청에 따라 얼굴의 각도를 바꿔야 했다. 우리는 한참을 씨름하고 사진관을 겨우 빠져나왔다.

밤이 깊어가던 시간, 나는 미리 요청해둔 수정 전의 사진을 문자로 받아서 종민이에게 보여주었다.
"종민아, 우리 가족사진이야. 어때."
"오, 멋지다."
"잘 봐봐. 종민이가 엄청 오래 기다린 가족사진이야."

종민이는 형이랑 노느라 엄마의 이야기에 귀 기울이지 않는다. 사진관 사장님 말씀으로는 사진이 액자로 나오려면 한 달 가까이 걸린다. 아마도 종민이는 가족사진이 거실에 멋있게 걸려 있어야 실감이 날 것이다. 그래도 오늘 하루 동안 종민이에게 가족사진 촬영이라는 멋진 시간을 선물해 주었다. 종민이가 오래 기억했으면 좋겠다. 가족은 액자 속에 있는 것이 아닌 시간 속에 함께 한다고. 그날 이후로 종민이는 가족사진 얘기를 더 이상 하지 않는다.

엄마가 부끄러워.

종민이는 아침나절 돌봄 교실에 늦게 가고 싶다고 한다. 방학 중에 나오는 식사가 맛없다는 이유에서다. 종민이는 집에서 희재와 포켓몬스터 놀이를 하며 오전을 다 보냈다. 점심을 먹으니 태권도 학원에 갈 시간이 되었다. 평소에는 혼자 씩씩하게 다니던 종민이가 오늘 따라 아파트 1층까지 같이 가자고 한다.
"희재도 같이 가자. 나가는 길에 산책도 하자."
희재를 데리고 종민이와 아파트 정문으로 가는데 종민이가 나의 앞길을 막아선다.
"여기까지 오면 돼. 이제 혼자 갈 거야."
"괜찮아. 엄마가 학원까지 데려다 줄께."
"싫어."

종민이는 내 앞에서 싫다며 손사래를 친다. 왜 그럴까. 종민이가 두 발을 동동 구르며 손으로 나를 밀어낼수록 나는 왠지 모를 장난기가 발동했다. 그건 옆에 있던 희재도 마찬가지였다. 희재는 나를 등 뒤에서 밀기 시작했고 나는 밀리는 것처럼 앞으로 나아갔다.

"싫다고, 혼자 갈 거라고."
종민이는 완강하게 나를 막아선다.
"그래, 종민아. 그럼 요 앞 카페까지만 갈게. 카페에서 엄마가 커피를 살 거야."
종민이는 얼굴을 찌푸리며 입술을 내밀고 툴툴거리며 걷기 시작한다.
"종민아, 엄마는 종민이를 데려다 주고 싶어서 그러는 거야."
"나는 혼자 갈 수 있다고."

종민이는 두 손을 잠바 주머니에 꽂고 무뚝뚝하게 걷는다.
"이상하네, 오늘 따라 왜 그럴까."
희재는 그런 종민이가 재밌는지 내 팔을 붙잡고 종민이를 따라 간다. 어느 덧 카페 앞에 도착했다.
"엄마, 가세요."
종민이가 단호한 목소리로 말하고 꾸벅 고개를 숙인다. 희재는 나를 붙잡고 계속 헤죽헤죽 웃는다.
"그래."

종민이가 태권도 학원 쪽으로 언덕길을 오르자, 희재가 내 팔을 붙잡고 밀며 종민이를 따라갔다. 나는 웃음이 나서 몸에 힘을 빼고 희재가 끌고 가는 대로 따라갔다. 그러자 종민이는 두 발을 동동 구르며 팔짝 팔짝 뛰며 몸을 어쩔 줄을 모른다. 그러더니 나와 희재를 두 팔을 벌려 밀어낸다.
"가라고요."
"알았어."
종민이는 언덕을 오르며 우리를 쳐다본다.

희재는 큭큭 거리며 나를 끌고 종민이를 따라간다. 나도 재미있어 종민이의 뒤를 좇는 시늉을 한다. 종민이는 화가 난 듯이 팔짝거린다.
"나 안 갈꺼야."
종민이는 제자리에서 입술을 내밀고 서 있다.
"종민아, 왜 그래. 엄마랑 학교도 같이 가고 잘 다녔잖아. 오늘은 왜 싫어."
"나도 혼자 갈 수 있다고 집 앞에 까지만 데려다 달라고 했잖아."
"나온 김에 데려다 줄 수도 있지."
"혼자 갈 거라고."
나는 은근히 장난기가 발동했다.

"왜 그래, 엄마가 부끄러워?"
종민이는 입술을 내밀더니 아무 말도 하지 않는다.

"종민이는 엄마가 부끄러운가 보네. 왜 부끄러워?"
종민이는 쭈뼛거리며 서서 아무 말도 않는다.
"그럼, 희재 형아가 같이 가줘."
종민이는 마지못해 뾰루퉁하게 대답한다.
"알았어."
"희재 형아는 안 부끄럽나 봐."
희재는 웃기다는 표정이다. 나는 종민이가 나를 부끄러워 한다는 것에 심술이 났다.
"알았어, 엄마가 부끄러우면 오늘부터 엄마는 없는 거야. 아줌마라고 불러!"
"싫어."
나는 삐진 사람처럼 고개를 돌려 길을 건넜고 종민이는 태권도 학원으로 향했다.

"엄마, 종민이는 나중에 지 혼자 살겠다고 할 놈이에요."
희재는 이때다 싶어 나를 꼭 붙잡고 길을 건너며 종민이 험담을 실컷 했다. 나는 종민이가 나를 부끄러워 한다는 것이 내심 속상했다. 내가 나이가 많아서 일까? 내가 화장을 안 해서 더 나이가 들어 보이는 걸까? 다른 엄마들처럼 예쁘게 안 하고 다녀서일까? 여러 가지 생각을 해보지만 결국은 속상한 마음 뿐이다. 집에 와서도 마음이 좋지 않았다.

"희재야, 종민이는 엄마가 왜 부끄러울까."

희재는 만화책을 보고 있다.

"학교 애들은 예쁜 엄마를 좋아해요."

"엄마도 젊었을 땐 예뻤어."

그 말을 하면서도 스스로 진심인지 농담인지 헷갈릴 정도였다.

한 시간이 훌쩍 지나 종민이가 현관문을 열었다.

"다녀왔습니다."

"어서 와. 아줌마가 사과 깎아놨어."

종민이는 내 눈치를 보기 시작한다.

"이제 아줌마라고 불러. 아이고 평생 아줌마랑 같이 살아야겠네."

"엄마, 잘못했어요."

종민이는 나를 빤히 올려다보며 두 팔로 나를 안고 매달린다.

"이제부터 부끄러운 엄마는 안 할 테니까 아줌마라고 불러라."

"싫어."

종민이는 구석으로 가서 머리를 조아리고 앉는다.

"나 화났어."

나는 못 본체 하며 우유를 따르고 한 마디 거든다.

"그래, 같이 사는데 아줌마는 좀 심했다. 이모라고 불러라."

희재는 거실에 서성거리며 한 마디를 거든다.

"내가 처음에 엄마를 만났을 때 뭐라고 했게요."

희재가 보육원에서 나를 만났을 때를 말한다.

"글쎄, 아줌마?"

"이모."

나는 웃음이 났다.

"이모, 종민이도 이제부터 이모라고 불러."

"싫다고."

종민이는 이제 울먹거리며 어쩔 줄을 모른다.

"엄마는 부끄러운 게 싫어. 그래서 종민이 엄마를 안 하겠다고."

"잘못했어요. 잘못했다고요."

종민이는 나를 붙잡고 늘어진다.

"종민아, 이모가 힘들어."

급기야 종민이는 거실 바닥에 주저앉아 눈물을 흘리기 시작했다. 내가 좀 심했나.

"종민아, 엄마가 왜 부끄러운 거야."

"내가 혼자 갈 수 있다고 했는데 계속 따라와서 속상해서 그랬어요."

"형아가 따라가는 건 괜찮다며? 형아는 안 부끄러워?"

"잘못했어요."

간혹 어떤 사소한 일도 감정의 단계를 올리면 눈덩이처럼 부풀어져 폭발하기 마련이다. 나는 스스로 단계를 올리고 있는 건 아닌가. 이쯤에서 그만 둘까를 생각하기 시작했다. 이쯤 되면 종민이가 다음부터 그러지 않겠지. 그렇게 잠시 소강상태에 이르고 나는 집안일을 마쳤다. 그리고 희재와 종민이를 데리고 서빛마루 도서관으로 가기 위해 준비했다.

"자, 옷 입고 우리는 걸어가는 거야."
아이들과 함께하는 산책은 즐겁다. 종민이는 내게 묻는다.
"자전거 타고 가면 안돼요?"
순간, 나는 다시 장난기가 발동해서 뒤끝 있게 농담을 했다.
"이모는 걸어 갈 테니까 종민이는 자전거를 타고 와."
희재가 나를 쏘아본다.
"이제 그만 좀 해요!"
종민이는 다시 울상이 되어 나를 쳐다본다. 나는 멋쩍게 웃었다.
"아하, 이제 그만할게."

아이들에게 이모라는 명칭은 어떤 의미일까. 어쩌면 나의 짓궂은 농담이 아이들에게 과거를 떠올리게 하는 상처가 된 것은 아닐까. 누구에게나 각기 쌓아온 경험이 다르다. 그렇게 불러보고 싶었던 엄마라는 단어를 가지고 내가 좀 지나친 장난을 한 것은 아닐까. 때마침, 남편에게 전화가 왔다. 아이들은 영상통화로 아빠를 보느라고 신났다. 나는 다시 이때다 싶었다.
"종민이는 엄마가 부끄럽대요."
"그래? 나도 가끔 종민이가 부끄러워."
"띠용~"
종민이는 우스꽝스러운 제스처를 지으며 웃는다.

어쩌면 사소한 일이고 별 것 아닌 일인데 내가 너무 종민이를 놀려댄 생각에 미안함도 들었다. 오늘 아이들은 이번 일을 통해 어떤 생각을 하게 되었을까. 저녁이 되어 아이들이 잠이 들 무렵, 종민이는 나를 부른다.
"엄마, 이제 엄마라고 불러도 되지요?"
"그럼, 엄마는 종민이의 영원한 엄마지."
나는 종민이의 머리를 쓰다듬었다.

남편은 자신도 어렸을 적에 연로하신 엄마가 학교에 오시는 게 부끄러워 일부러 숨기도 했었다고 회상한다. 희재는 어른스러운 말투로 말을 보탠다.
"나중에 나는 독립해서 엄마와 아빠를 모시고 평생 함께 살 거예요. 종민이는 지금도 저러니 나중에 커서도 엄마 아빠를 몰라 보는 척 할 거예요. 나랑 평생 함께 살자요."

나는 희재의 진심이 무척 기특하게 여겨졌다.

"희재야, 독립은 경제적 독립부터 해야 해."

남편은 진지하게 말을 보탠다.

"경제적인 독립은 생각보다 쉽지 않아."

"그래도 하면 되죠."

"그래."

희재의 세상 밖으로

새벽 5시에 일어나 거실에서 책을 읽는 희재는 오전 7시가 되어 다시 잠이 들었다. 왜 잠을 못 자는 걸까. 아마도 오늘 처음 만화 수업을 받는 날이어서 일까. 오늘 따라 말수도 별로 없고 동생도 괴롭히지 않는다. 식탁 의자에 앉아 만화책을 읽다가 심심하다고 거실 바닥으로 내려와 화투장을 만지작거린다.

"희재야, 공부를 좀 해야 하지 않겠니. 아무리 방학이라도."
"난 공부하기 싫지만 할게요."
그러면서 다시 화투장을 펼쳐놓으며 넘긴다.
"어렸을 적에는 공부가 꼭 필요해. 그래서 의무 교육 인거야. 많은 경험을 통해서 배우고 익혀야 성인이 되어서 올바른 어른이 될 수 있단다."
"……."
"사람은 하고 싶은 일만 하며 살순 없어. 그래도 공부가 정말 하기 싫으면 하고 싶은 일을 해라. 하고 싶은 일이 뭐니?"
"만화요."
"사람은 매일이 쌓여 미래가 만들어지는 거란다. 하고 싶은 일이 만화면 매일 만화를 그려. 그러면 커서 훌륭한 만화가가 될 수 있겠지."
희재는 고개를 끄덕이더니 화투장을 접어두고 A4용지를 접어 만화를 그릴 준비를 한다.

희재는 7살 때부터 반복적으로 하는 작업이 있다. A4용지를 접어 아기 손바닥만한 지면에 만화를 그려 자신만의 만화책을 만드는 것이다. 예전에는 자신이 만든 캐릭터인 쪼누기 시리즈를 그렸고 최근에는 축구왕 이준우를 그린다. 여러 쪽수를 채우는 날은 적지만, 익숙한 나름의 작업 방식을 지니며 재밌게 그림을 그리고 나에게 보여 준다. 현재까지 그린 만화만 손바닥만한 크기로 100여권에 이른다.

"엄마, 어른과 어린이를 어떻게 다르게 표현할까요. 수염이나 그런 거요."
"가장 큰 차이는 비율의 차이겠지. 머리를 기준으로 몸을 나누어 등신으로 표현하잖아. 이등 신, 팔등 신이라고 들어봤지. 아기들은 보통 이등 신으로 표현하고 어른들은 칠이나 팔등 신으로 그림을 그리지."
"달리는 모습을 어떻게 표현할지 모르겠어요."
"여자를 어떻게 표현할지 모르겠어요."

"보통 여자는 머리를 양 갈래로 묶거나 단발이거나 길거나 하겠지."
전에는 물어보지 않고 혼자 쓱쓱 그려나가던 희재가 오늘 따라 질문이 많아진다. 뭔가 진지한 느낌인데 왜 그럴까.
"그냥 생각한 대로 그려봐."

희재는 손가락으로 연필을 집어 흔들며 생각에 잠긴다. 아마도 오늘 본격적으로 만화 수업을 받는다고 하니 자신이 만화가의 길에 한 발자국 들어선 기분이 든 게 아닐까. 그러면서 작업에 대해 이러저러한 고민들이 생긴 건 아닐까 추측해본다. 희재는 한동안 만화를 그린 후 내게 보여 준다.

"엄마, 나 이만큼 그렸어요."
그림체가 예전 그림들에 비해 사뭇 달라졌다. 늘 희재의 그림은 머리, 신체의 팔과 다리가 직사각형 형태였는데 이번에는 전체적으로 부드러운 곡선의 형태를 띠고 있다. 그리고 비율을 맞추기 위해 얼굴을 작게 그리고 상체를 유난히 길게 그려 넣었다. 희재가 만화를 그린 지 7년만의 변화이다. 이럴 거면 진작에 만화 학원에 보낼걸 그랬나 싶다.

오늘 오전 일찍 도서관에 다녀온 남편이 김보통의 '아만자'

전 권을 빌려왔다.

"희재야, 김보통의 그림이 너의 그림과 비슷해."

남편은 희재에게 자신감을 불어넣기 위해 소박한 그림체의 만화들을 자주 보여 준다. 오늘 희재가 그린 그림체는 전체적으로 각이 사라지고 둥근 형태를 띤 것으로 보인다. 희재는 나의 칭찬에 쑥스러워 하면서도 자신의 작업 변화에 즐거워하며 설명을 덧붙였다.

"그림에 조금 변화를 줬어요. 표정도 이렇게 했고요. 싸우는 모습도 뒤에 작게 넣었어요."

"재밌네. 그림체가 부드러워 보기 좋구나."

희재는 미소를 띠며 종알종알 지저귀기 시작했다. 그리고 오후가 되자 만화 학원에 가기 위해 가방을 들었다. 희재에게는 오늘이 첫 날이며 앞으로는 버스를 타고 혼자 다녀야 한다. 남편과 나는 희재와 함께 길을 나섰다.

"희재야, 내일부턴 혼자 다녀야 해. 오늘은 엄마 아빠가 같이 가 줄게. 혼자 간다 생각하고 가봐."

희재는 남편이 마련해 준 교통 카드 목걸이를 목에 걸고 가방을 어깨에 메고 쑥스러운 듯 웃는다.

"자, 1미터 앞으로 먼저 걸어가."

나는 희재를 따라가며 뿌듯한 마음이 들었다.

"오늘 따라 희재 머리카락이 부슬부슬 해서 예쁘네."

"아까 머리 감았어요. 학원에서 예쁜 누나들을 만날 거라서요."

"그러다가 엄마 아빠처럼 4살 차이도 괜찮다고 결혼한다고 하면 어쩌지."

나와 남편은 농담을 주고 받으며 희재를 따라간다.

"엄마, 놀리지 마요."

희재는 고개를 돌려 나와 남편을 바라보며 웃는다. 우리는 버스를 타고 한참을 걸어 만화 학원에 도착했다.

수업을 받고 나온 희재는 "재밌었어요."라고 짧게 말했다. 나는 너무 궁금했지만 더 이상 물어보지 않았다. 우리는 학원 근처 편의점에 들러 떡볶이와 라면을 즐겁게 먹었다. 희재는 집으로 돌아오는 버스 안에서 아빠 옆에 앉은 채 말이 없었다. 뭔가 생각에 잠겨 있는 듯했다.

마치며

희재는 만 12살이 되었다. 다행히 마음이 맞는 친구들을 만나 주말 아침에는 친구들과 온라인 멀티 플레이어 게임도 즐긴다. 안방에서 희재의 웃음소리가 간간히 들려온다. 종민이는 이제 만 8살이 되었다. 평일에 다니던 축구를 그만두고 주말이면 집 근처의 풋살장에서 신나게 뛰며 땀을 흘린다. 요즘 종민이의 꿈은 야구 선수가 되는 것이다. 놀이터에서 친구들과 함께 신나게 야구 하며 시간을 보낸다. 그리고 아이들은 엄마 아빠와 함께 한 방에서 뒹굴며 잠이 든다. 앞으로 아이들이 어떻게 성장해 나갈지 모르지만 늘 그들의 모습을 사랑하고 응원한다.

고진예

입양과 위탁이라는 절차를 통해 가족이 된 씩씩한 두 아들과 행복하게 지내는 엄마입니다. 디지털 디자인, 예술 공학, 미술 이론 등을 전공했고 직업훈련교사와 미술 작가를 오가며 다양한 경험을 쌓았습니다. 아이들에게 좋은 게임을 알려주고 싶은 마음에 박사 논문으로 '디지털 게임의 미학적 탐구'를 썼습니다. 현재는 1인 출판사를 운영하며 글을 쓰고 소소한 활동을 즐기며 삶을 보내고 있습니다.

6살 남자아이에게 가족이 생기다.
1판 1쇄 발행 2024년 8월 10일

글, 그림 고진예
펴낸 이 고진예   **펴낸 곳** 뜬구름
출판등록 2024년 2월 6일 제 2024-000006호
이메일 주소 DDEUN9@outlook.kr
전화번호 062.363.5770

©고진예, 2024
ISBN 979-11-987069-1-1

* 책에 나온 이름은 희재와 종민이, 공공기관을 제외하고 모두 가명으로 쓰여 있습니다.
* 이 책은 한국출판문화산업진흥원(KPIPA)의 2024년 전자책 제작 지원 사업 선정작을 종이책으로 펴냅니다.
* 책값은 뒤표지에 있습니다.
* 이 책 내용의 일부 또는 전부를 재사용하려면 반드시 뜬구름의 동의를 얻어야 합니다.
* 잘 못 만들어진 책은 구입하신 서점에서 교환해드립니다.